中青年经济学家文库
南昌航空大学学术文库

农产品网络消费信任研究及其质量安全管理体系构建

程玉桂 著

中国财经出版传媒集团
经济科学出版社
Economic Science Press

图书在版编目（CIP）数据

农产品网络消费信任研究及其质量安全管理体系构建/程玉桂著.—北京：经济科学出版社，2018.6
（中青年经济学家文库）
ISBN 978-7-5141-9515-6

Ⅰ.①农…　Ⅱ.①程…　Ⅲ.①农产品-网上销售-信用-研究-中国②农产品-质量管理-安全管理-研究-中国
Ⅳ.①F724.72②F326.5

中国版本图书馆 CIP 数据核字（2018）第 144025 号

责任编辑：李　雪
责任校对：王苗苗
责任印制：邱　天

农产品网络消费信任研究及其质量安全管理体系构建
程玉桂　著
经济科学出版社出版、发行　新华书店经销
社址：北京市海淀区阜成路甲 28 号　邮编：100142
总编部电话：010-88191217　发行部电话：010-88191522
网址：www.esp.com.cn
电子邮件：esp@esp.com.cn
天猫网店：经济科学出版社旗舰店
网址：http://jjkxcbs.tmall.com
固安华明印业有限公司印装
710×1000　16 开　15.25 印张　230000 字
2018 年 6 月第 1 版　2018 年 6 月第 1 次印刷
ISBN 978-7-5141-9515-6　定价：56.00 元
（图书出现印装问题，本社负责调换。电话：010-88191510）
（版权所有　侵权必究　举报电话：010-88191586
电子邮箱：dbts@esp.com.cn）

前　言

　　农产品安全信任危机已经成为我国当前亟待解决的问题。农产品质量安全事件屡屡发生，这不仅牵涉到国民生存，对企业的可持续发展也有着极大的影响，甚至于，信任危机如果蔓延下去，将会危及整个国家及社会的安定。由于信息不对称的影响，而使得网上购买农产品的信任危机更甚于线下，而中国网络市场的迅猛发展，必将推动农产品网络市场的开发与建设，信任的构建将成为农产品网络市场稳定而有效进行的保证。

　　梅耶（Mayer，1995）认为值得信任的因素包括能力、善意和正直，其中个人认知与行为影响着信任的形成。同时，人际风险对信任的结果也有着影响，而人际风险对信任的影响，既有社会个体之间的人际信任，也存在大规模社会群体之间的社会信任，以及社会制度和文化规范情境对信任产生的影响。梅克奈（Mcknight，1998）在梅耶理论基础上建立了电子商务背景下顾客初始信任模型，把信任定义为信任意念（trusting beliefs）和信任意向（trusting intention），他认为消费者初始信任来源于个体信任倾向、认知过程和组织机构方面的信任，该模型强调了组织机构的重要性。在初始信任模型基础上，梅克奈（2002）提出了更为详细的网络信任的结构和机理，即：影响消费者网络信任的信任因子包括个人创新、网络体验和感知网站质量。

　　基于以上信任模型，本书从个人认知、组织机构视角分别探究个人认知、专家、认证体系对农产品信任的影响。鉴于可追溯标识在食品包装上的使用非常普遍，本研究首先分析网络购买环境下消费者对食品可追溯标识信息信任构成，实证分析表明：网购中，消费者对有机食品可追溯标识信息的信任来自于两个方面，一是食品加工过程如生产（加工）原产地、日期和生产（加工）条件等的"第一手信息信任"；二是朋友、电视、报纸、杂志等媒体，以及政府监管、第三方认证和官方网站的信息等的"第三方信息信任"。而消费者的自我认知与自我概念影响了其对"第一手信息信任"，自我认知与自我概念也影响了"第三方信息信任"。

　　心理学认为，人的认知过程是指人接受、储存和运用信息的过程，包括知觉、注意、记忆、意象、表象、思维、语言等，包括社会认知和自我认知两个部分，消费者个体的认知过程会受到个体自身的特质（如价值观、情感、态度、意志等）和周围环境（如文化氛围、人际关系、政治环境等）的影响。在消费者网络购买有机食品信任形成中，消费者的认知过程影响因子包括：个人统计特征、自我意识、对健康安全关注度、环保意识及网购行为认知。本书选择中国和美国消费群体进行实证分析，结果表明：中美两国消费群体其个体认知过程的自我环保意识和社会环保意识中，社会环保意识对网购有机食品信任影响显著。在中国，社会环保意识与年龄和学历成正比，在美国，社会环保意识的形成受年龄影响，但不受学历影响。其次，中国消费者对媒体及第三方机构提供的信息的真实性有着较强的求证欲望，而美国消费者在其自我认知因素中，非常认可教育程度的影响，即，文化程度越高，绿色环保意识越强，同时也从侧面说明，美国国民对教育的认可；此外，中国的消费者网购时会把风险的降低寄托于网店平台因素，他们会信任那些具有慈善行为的网店，并选择在这种网店购买有机食品，而美国消费者则不介意网店平台的行为。显然，在中国，从事网络经销有机食品的企业，必须注重企业的善因营销，以提升消费者对有机食品的购买信任。

　　为保障农产品质量安全，中国政府制定了一系列的农产品质量安全认证体系，但单一的农产品质量安全认证体系或农产品信息可追溯体系在保障农产品安全方面都存在不完全性。单一的农产品质量安全认证体系强调对农产品生产基地的现场检查、对加工成分的检测及对农产品质量安全水

前　言

平的测评，并不具备向消费者提供农产品从生产、加工到流通过程的相关信息的能力。单一的农产品信息可追溯体系主要集中在对农产品的责任追溯和召回上，但是在农产品安全风险控制和管理方面尚存在不足。本书基于消费者在信息不对称背景下，能更有效和全面性获得有效而可信任的信息的思考，提出将农产品质量安全认证体系和农产品信息可追溯认证体系叠加的"双重安全认证体系"。而双重安全体系下的消费者信任，即为消费者对双重安全体系的认知及消费者对农产品种植、加工、监管主体信任的综合评价。通过以大米为对象进行实证分析后发现：消费者对双重安全体系的总体信任受消费者人口统计特征、信任倾向、双重安全体系的了解程度、大米安全的关注程度、农户信任、加工企业信任和政府职能信任等因素影响；消费者对可追溯无公害大米的购买意愿与消费者对双重安全体系总体信任高度相关。从消费者的信任视角来看，虽然消费者对双重安全体系的总体信任较高，但是对实施双重安全体系涉及的种植农户、加工企业等主体的信任不高；从消费者认知水平来看，消费者对单一农产品安全保障体系认证水平较高，而对双重安全体系的认知水平非常低；从消费者购买意愿来看，消费者对可追溯无公害大米的购买意愿非常高，但是对可追溯无公害大米的溢价支付意愿较低。

近年来，因专家的偏见而产生的信任危机影响较大，在食品安全方面表现得尤为突出。公众作为一个社会的人，只有当专家或机构能够服务于公众的利益时，公众才会相信他们（王娟，2013）。在对专家信任和公众购买安全农产品行为影响关系的探索中发现：第一，专家的声誉越好，专家处理农产品安全事件结果让公众满意度越高；第二，第三方机构对专家的监督越公正、透明，法律对失信专家的惩罚力度越大，则公众对专家的信任程度越高；第三，专家信任对公众购买安全农产品行为具有显著的积极影响。因此，完善对失信行为的法律建设，加强对专家失信行为的惩罚力度是必要的；应当加强专家的道德意识观，加强对所有公民的诚信教育，形成道德内部约束；构建第三方机构对专家的评价体系，并从法律上保障第三方机构监督的有效性和权威性；应当在专家的甄选上，对专家的农产品知识水平、个人道德素养、与公众沟通能力等多个方面进行全方面地考量。

网络市场中，因信息不对称而导致的信任风险性更大，在消费者、信息发布者（企业）和信息监管者（第三方监管机构）之间探求一个有利于各方协力发展的信任体系，将有利于促进农产品网络市场的发展。本书基于信息可追溯和安全认证双重体系的特点，提出了信息可追溯与安全认证双重体系是解决信息不对称问题的有效措施，并建立存在第三方监管机构的可追溯安全农产品交易主体信任博弈模型，在对第三方监管机构下消费者与销售企业之间的信任决策进行分析后认为，建立第三方监管机构是促进可追溯安全农产品交易主体信任的有效方式。此外，为使农产品质量监管更有效，公众参与是必不可少的。在公众参与的农产品质量监管中，政府以引导消费者参与监管，提升农产品质量安全为目标，消费者及企业则希望利用现有资源获得最大收益。由于消费者的监督举报会影响企业的收益，因此企业容易对消费者的举报行为进行阻挠及报复。在对消费者举报行为、政府监管和企业之间博弈分析后发现，消费者的举报行为与政府对违规生产的处罚力度、政府的奖励额度、政府奖励的发放概率、企业采取报复的概率，以及企业违规收益增加值有关，而且消费者的举报成本和企业报复给消费者带来的损失也会对政府的总体效益产生影响。因此，为鼓励和保障公众参与到农产品质量监督中来，应当加大举报奖励力度，制定明确可行的举报奖励办法，制定专项规定，成立专项奖励资金，规范奖励程序，保证举报途径通畅，并从法律上对举报人进行保护。

为保证农产品网络市场的顺利开展，构建一套完善的农产品管理体系是必要的。在网络市场环境下，农产品管理体系的构建是基于供应商管理、冷链物流配送管理、顾客满意度管理视角，从农产品管理体系评价指标的确定、评价及构建三个方面进行探讨。本书选择生鲜农产品为研究目标，从信任构成的善意、能力和诚实三个部分，确定了用于评价生鲜农产品供应链上游供应商管理、中游物流配送管理、下游消费者满意度管理方面的9个评价指标，继而采用模糊评价法进行权重确定、指标评价，并以

前言

某企业为例进行管理体系评价与优化实证分析,最后提出优化企业生鲜农产品管理体系的措施。

本书内容是作者带领指导的在读研究生,在长达五年的时间里,进行数据收集、整理与分析的基础上完成的研究成果。其中,第5章至第7章的数据收集、整理与分析是与2014级研究生付丹丹同学共同完成;第8章的数据和分析主要是与2016级研究生李智刚同学协同完成;第9章内容是与2015级研究生吴岳同学共同完成。感谢各位同学对该项研究的辛勤付出。

作者

2018年2月

目　　录

第1章　绪论 ………………………………………………………… 1
　1.1　研究背景 ………………………………………………………… 1
　1.2　研究方法与框架 ………………………………………………… 2

第2章　重要概念及相关研究概述 ………………………………… 5
　2.1　信任、网络消费信任及相关研究 ……………………………… 5
　2.2　本章小结 ………………………………………………………… 10

第3章　消费者网络购买有机食品可追溯信息信任影响模型构建 ……… 11
　3.1　可追溯性及相关研究概述 ……………………………………… 12
　3.2　信任模型理论 …………………………………………………… 14
　3.3　网络消费信任维度界定 ………………………………………… 18
　3.4　可追溯信息与网络消费信任假设关系提出 …………………… 19
　3.5　信任模型构建 …………………………………………………… 21
　3.6　模型验证 ………………………………………………………… 22
　3.7　政策建议 ………………………………………………………… 32
　3.8　本章小结 ………………………………………………………… 34

第4章　基于个体认知的有机食品网络消费信任分析 …………… 37
　4.1　引言 ……………………………………………………………… 37

  4.2 实证分析 ·· 38
  4.3 中美消费者网络购买有机食品信任形成认知过程分析········· 56
  4.4 中美消费者网购行为比较 ·· 59
  4.5 本章小结 ··· 62

第5章 农产品安全认证体系对消费者购买信心与购买意愿的影响 ······ 64
  5.1 相关概念的界定 ··· 64
  5.2 农产品质量安全认证与可追溯信息认证双重认证
     体系概念的提出 ··· 65
  5.3 单一及双重安全体系的相关研究 ·································· 72
  5.4 双重安全体系下消费者信任与购买意愿的理论模型与
     研究假设 ··· 74
  5.5 问卷设计和样本选择 ·· 81
  5.6 实证分析 ··· 83
  5.7 问卷的信度分析 ··· 89
  5.8 问卷的效度分析 ··· 90
  5.9 双重安全体系下消费者信任与购买意愿的回归分析 ········ 101
  5.10 双重安全体系下消费者信任与购买意愿的现状分析 ······ 107
  5.11 提高双重安全体系下消费者信任与购买意愿的对策 ······ 109
  5.12 本章小结 ·· 112

第6章 专家信任对公众购买安全农产品行为影响的实证分析··········· 114
  6.1 研究概述 ·· 115
  6.2 研究假设的提出 ··· 119
  6.3 数据分析和研究方法 ·· 121
  6.4 结果与分析 ··· 125
  6.5 结论与政策建议 ··· 128
  6.6 本章小结 ·· 129

第7章 基于第三方监管机构的可追溯安全农产品信任博弈 …… 131
- 7.1 引言 …… 131
- 7.2 相关理论及研究概述 …… 133
- 7.3 可追溯安全农产品的信任博弈模型构建 …… 137
- 7.4 第三方监管机构下可追溯安全农产品参与主体的信任博弈 …… 138
- 7.5 基于第三方监管机构的交易主体信任管理机制 …… 140
- 7.6 结论及建议 …… 141
- 7.7 本章小结 …… 142

第8章 公众参与农产品安全有奖举报制度下的三方博弈关系研究 …… 144
- 8.1 引言 …… 144
- 8.2 相关理论及研究 …… 145
- 8.3 研究问题的提出 …… 148
- 8.4 两两参与的博弈模型 …… 149
- 8.5 农产品质量安全举报奖励制度中三方参与的博弈 …… 152
- 8.6 结论及建议 …… 156
- 8.7 本章小结 …… 158

第9章 基于网络消费信任的农产品管理体系构建与评价 …… 160
- 9.1 引言 …… 160
- 9.2 理论及研究概述 …… 161
- 9.3 生鲜农产品管理体系的关键环节 …… 165
- 9.4 评价指标体系的确定 …… 166
- 9.5 管理体系评价与优化实例——以Z企业为例 …… 175
- 9.6 本章小结 …… 185

附录1 绿色产品认知测量问卷 …… 186

附录2　消费者有机食品认知与信任调研问卷
　　　（中美两国共用）……………………………………… 191
附录3　双重体系下消费者信任与购买意愿的调查问卷……… 194
附录4　专家信任对消费者购买安全农产品行为影响调研问卷…… 199
附录5　网络购买生鲜农产品消费者调查问卷 ………………… 204
附录6　生鲜农产品管理评价指标间相对重要性判断评分…… 208
附录7　Z企业基于网络消费信任的生鲜农产品
　　　管理状况调查问卷 ……………………………………… 211

参考文献 ………………………………………………………… 217
后记 ……………………………………………………………… 229

第1章

绪 论

1.1 研究背景

随着我国物质消费水平的提高，人们对安全农产品的需求也随之增加，对农产品的质量安全也越来越重视。发展安全农产品市场不仅是满足不同消费群体与保证消费者生命安全的需要，也是国家发展现代农业和提高我国综合国力的需要。

互联网的快速发展对人们生活产生了深刻的影响，同时也促使传统的零售方式向网络零售转变，如今中国拥有全世界数量最多的网络消费者，已成为世界最大的网络零售市场。中国消费者正在快速走向成熟，其期望也在不断地提高。与此同时，越来越多电子商务企业开始涉足有机食品经营，京东生鲜、顺丰优选、天猫生鲜、沱沱公社、1号店等一大批有机食品电子商务经营网站，形成了一轮新的有机食品网络销售发展潮流。从《阿里2015年农产品电子商务白皮书》中显示，2015年阿里平台上完成农产品销售695.50亿元，其中阿里零售平台占比95.31%，1688占比4.69%。经营农产品的卖家数量超过90万个，其中零售平台占比97.73%，1688平台占比约为2.27%。毫无疑问，发展网络市场是农产品产业发展的必然趋势，不同于传统市场，网络市场存在不可知因素更多，信息的不对称性更易导致消费者对网络消费农产品的不信任。因此，构建基于消费信任的农产品网络消费体系，是农产品网络市场得以良性发展的根本。

任何一种管理体系的实施，如果缺乏法律法规的保驾护航，都无法有序实施和执行。农产品的安全性已经上升到一定高度，中央农村工作会议用"最严谨的标准、最严格的监管、最严厉的处罚、最严肃的问责"表达了政府保障农产品安全的决心。在中国，已有的农产品质量安全认证体系或农产品信息可追溯体系在保障农产品安全上都存在不完全性，安全保障体系必须依赖种植农户、加工企业、政府及消费者等的共同支持与协同合作。

相比较而言，欧美国家对于农产品质量安全方面有着更严苛的监管体系，而这些监管体系是如何影响着消费者的信任及行为呢？任何监管体系都应当依靠体系的执行者——"人"去更好地执行。因此，从消费者信任视角深层次去研究农产品安全质量监管体系具有学术和现实意义。

本书以江西省社会科学研究规划项目"基于网络消费信任的江西农产品供应链追溯体系构建模式研究"（CC201409230）、江西省教育厅科技计划项目"中美消费者对有机食品可追溯标识信任与行为差异性研究"（DB201609045）为研究项目支撑，以网络消费群体为研究对象，首先以消费信任理论为基础，探究影响消费者网络购买农产品的主要因素；其次，分别探究消费者个体认知、组织机构（第三方认证和第三方监管机构）、专家在消费者网购农产品信任形成中的影响，并进一步探讨消费者、组织（企业）机构、专家间的协同和利益关系；最后，提出基于网络购买信任的农产品管理体系构建与评价方法。

1.2 研究方法与框架

1.2.1 主要研究方法与创新点

1.2.1.1 研究方法

（1）文献分析。梳理相关理论文献，掌握国内外已有的理论和实践成果，以便站在理论与实践的前沿，达到创新的目标。

（2）实证与理论分析相结合。应用信任理论、消费者行为理论和消费满意理论、模糊层次评价法、博弈论理论和高级统计学理论等，构建网络购买农产品信任模型、农产品质量安全认证体系信任模型、专家信任模型、消费者、组织机构和企业关系博弈模型；制定基于网络消费信任的管理体系评价法。

（3）定性与定量分析相结合。采用解释学方法论和扎根理论进行样本数据的收集；结合因子分析、层次分析、回归模型和博弈论等进行数据定量分析；结合政策实施与运行现状进行定性分析，得出本研究的研究结论，最后提出相关建议与对策。

1.2.1.2 创新点

（1）研究视角创新。现有的研究对农产品网络消费中消费者的认知、支付意愿及支付安全已有相关论述，但缺乏以消费者网络信任为基本的农产品网络管理体系的分析和评价。本研究拟做以下补充：消费者是整个农产品网络消费体系构建的关键，而信任则是其购买行为的根本，围绕着消费信任，探究在农产品网络消费市场中，个体、组织的影响及相互信任关系的构建。

（2）研究方法的创新。本研究将经济学理论、消费行为理论与模糊层次分析法和博弈论理论相结合进行分析，是多学科交叉研究的一种尝试。

1.2.2 本书的框架

基于研究视角，本书的研究分三大部分进行阐述：

第一部分，消费者网络消费农产品信任影响因素及其关系研究，主要包括：

一是基本理论综述及消费者网络消费农产品信任模型构建（第2~3章）；

二是个体、农产品安全认证、专家对消费者农产品购买信任影响研究

（第4~6章）。

第二部分，基于消费信任的消费者个体、企业及第三方监管组织间关系的探究（第7~8章）。

第三部分，基于网络消费信任的管理评价体系的构建与评价（第9章）。

第2章

重要概念及相关研究概述

2.1 信任、网络消费信任及相关研究

2.1.1 信任及相关研究

信任,首次以社会科学领域的课题进入学者的研究范畴,后来被引入到心理学、管理学、组织行为学、经济学、市场营销学等多科学交叉领域,加上社会现象的变化使得信任研究成为常议常新的主题。这些都为深入研究信任课题提供了新的研究方向,也使得信任研究的成果趋于多样化,但也因此,关于信任的定义至今也未统一。

德欧契(Deutsch,1958)对囚徒困境中的人际信任进行实验研究,开创了社会心理学领域中信任研究的先河,他认为信任是基于某种情景刺激下个体心理和意愿的决定。鲁曼(Luhmann,1979)第一次将信任与当代社会的复杂性、不确定性和风险性联系起来,并从社会学的角度将信任分为人际信任和制度信任。郑也夫(2003)等认为信任是在不完全信息情况下对已交往或潜在交往对象进行评价的一种认识倾向,他将信任分为以信任倾向为代表的一般信任和在认知基础上的特殊信任,认知基础上的信任局限于特殊的客体如个人或组织等,而一般信任是对人性本善观点的支持。松坡森(Thompson,2007)等认为在不确定性强并具有相互依赖

性的社会交往和经济交易中,信任扮演着关键作用。

我国学者对信任的定义也有差异。学者彭泗清(2003)基于社会学和心理学理论定义了信任,他认为信任是指个体在社会学习和人际交往中,对心理和意愿产生影响从而形成稳定的人格特征的过程。郑也夫(1995)从信任的核心内容视角阐述了信任的定义,认为信任的核心意义是相信对方的言行在主观和客观上都有益,至少是不会伤害自己,并提出信任包括"人品信任"和"能力信任"。张丽等(2011)基于风险视角,认为信任是建立在双方信息不对称和对未来结果不确定的基础上的。

从以上学者关于信任的定义内容可以看出,虽然学者们对于信任的概述不全相同,但都是以一个中心概念来阐述的,那就是:信任是人们处于不确定性、风险或者信息不对称的情景下,对被信任对象做出积极预期的结果。当我们做出信任的选择时,信任的对象会指向不同的客体。

彼得·什托姆普卡(Piotr Sztompka,2005)将信任的对象分成主要客体和次要客体。主要客体包含五个层次分别为:第一个层次,最基本的信任是与我们直接联系的个体信任;第二个层次,社会角色信任,它与具体角色的个体无关;第三个层次,社会群体信任;第四个层次,对机构和组织的信任;第五个层次,也是最抽象的对象,即对社会系统、社会秩序和政权制度等总体品质的信任。次要客体是在给予主要客体的信任过程中衍生的信任客体,主要包括专家言论、证据、信息来源和权威等。

我国学者胡凌月(2014)对信任的对象进行了归类,认为信任的对象可以分别从个人层面的信任、社会层面的信任、人际层面的信任和组织层面的信任进行概括,其中个人层面的信任是指个人信任倾向,即个人信任决策独立于外界环境,对某一客体原始的信任;社会层面的信任是指在社会环境影响下,以自己为中心对其他个体与组织的信任;人际层面的信任是基于双方以往交往经验,从而增进或者降低双方信任的过程;组织层面的信任研究的主要对象是个体对机构或者系统的信任情况。

关于信任的影响因素,国外学者对信任的研究较国内较早,其中着重对信任的维度基于不同视角进行了研究与分析。包括梅耶等(1995)认为个人的信任倾向,即个人的人格特征是影响信任程度的重要因素。梅耶森(Meyerson,1996)等通过理论分析,表示消费者的认知和经验是影响信任的重要维度。鲁曼（1979）通过实地调查，认为增加熟悉度可以适当降低对社会事物的不确定性，其中对事物越熟悉，则消费者越信任此对象。威廉姆森（Williamson，1993）则以计算为基础，认为消费者往往是通过理性计算来评估被信任方是否值得信任；具体来说，就是消费者通过衡量被信任者选择欺骗或者合作的成本收益，最后决定是否选择信任。国内学者也对信任的影响因素进行了大量的实证分析。陈淑娟等（2011）通过对以往文献的总结得出：能力、品质、信任倾向和长期效益期望是影响消费者信任的因素；李强等（2007）以脐带血干细胞存储行业为研究对象，研究结果表明：权威认定、诚意表现、企业概况、声誉和宣传力度对消费者信任有影响，其中发现权威认定和企业概况是影响消费者信任的主要因素；许科（2008）认为，信任是在权衡了理性信任成本和非理性信任成本后做出的决策。其中通过实证分析得出：个体自身的信任倾向、个体对外界情境的风险认知和个体所处的社会大环境是影响信任的重要因素。

2.1.2 网络消费信任及相关研究

达博哈卡和巴贡兹（Dabholkar & Bagozzi，2002）认为，在网络消费行为领域，消费者特征被认为是消费者行为的重要预测变量。同时，对于网络消费者行为，消费者特征也应有重要的影响。

哈姆博格（Hamburger，2002）指出互联网使用者的个性影响着其网络行为。海尔斯和阿格伊尔（Hills & Argyle，2003）也有类似观点，他们认为个体的互联网使用与其个性差异是相关的。格芬（Gefen，2004）指出消费者对购物网站的信任态度，正面影响其对卖方的信任态度。巴普咯（Pavlou，2004）认为，买卖双方互相信任，通过彼此分享知识、信息，创造最大价值。而经由第三方可为消费者解决许多不确定性风险与交易议题，成为一个受人注目的信任机制。艾达尔（etale，2003）结合信任与科技接受模式（Technology Acceptance Model，TAM）发展线上购物模型，认为网络消费信任会对使用意愿产生直接影响。因此只有买卖双方之间存在信任时，二者才能坦诚合作，且愿意在不确定的情境中对其合作对象始终有着积极、正面的态度与信念。特里安迪斯（Triandis，1999）认为：网络消费信任和态度之间的关系源自于感知的后果。信任能促成良好的期望，即委托人认为其行为不会带来负面的结果。信任还指委托人所持的认为受托人会保护其利益的期望。总之，信任能创造良好的感知和积极的态度。郭克和津克汗（Kwak & Zinkhan，2002）认为，网络购物体验毫无疑问是具有个体差异性的，即个体如何进行消费与其所处家庭、文化、社会情境密切相关。在信任对购物体验的影响中，研究者发现，在B2C网购情景中的消费者个体特征如网购频率、创新倾向性和决策确定性程度，在感知信任和决定涉入的程度时起着重要的作用。

与国外学者相比，国内学者就网络消费信任的研究更倾向于实证分析。主要关注于对消费信任的概念、过程、影响因素、技术、模型一系列的研究（鲁耀宾，周涛，2005；陈欣，叶浩生，2009；朱虹，2011；孙亚男，杨肖丽，2014）。比较典型的如：冯炜（2011）针对网络购物的消费者信任进行了实证研究，通过探索性与验证性问题对消费者信任的影响因素进行了深入的分析，并表示影响消费者信任的因素包括消费者个人信任倾向、产品因素、网站因素、厂商因素、第三方评估和消费者个人社会特征六种因素；另外是从感知风险及消费者网络购物态度（张科，2011）、影响因素（杨锴，刘建华，2013）、品牌体验（徐勤春，2011）、决策模式（苗玲玲，2008）等方面对网络消费信任进行了研究。宋光兴、杨德礼（2004）提出购物频率是衡量消费者网络购物意向的重要指标。鲁耀宾、周涛（2007）认为消费者购买新产品的心里特质就是创新倾向。管益杰（2011）、邵兵家（2010）等认为网络消费信任的主要影响因素包括企业自身经营因素（包括企业的信誉、经营规模、运营模式、质量保障能力）、网站与信息因素（包括信息的完备性与准确性、网站设计水平、网站宣传力度等）、消费者特征因素（包括消费者满意度、购物倾向、个人偏好等）。

2.1.3 农产品信任及相关研究

安全农产品主要包括无公害农产品、绿色食品和有机食品。近年来，农产品质量安全问题已引起政府、公众和相关企业的重视。如何应对食品安全事件冲击是食品安全管理研究的重要内容。而我国食品安全事件冲击的应对政策存在较大问题，导致食品安全事件冲击后，我国消费者对食品安全风险感知度长期以来处于较高状态，对政府和企业信任却非常低。

农产品质量安全问题涉及千家万户而且关系到人的身体健康和生命安全，因此不容忽视。农产品的质量安全还关系到一个国家和区域的经济发展和社会稳定，关系到政府的公众形象和民众对其信任的问题。由于农产品同时具有经验品和信任品的品质特性，决定了农产品市场存在着生产者和消费者的信息不对称现象，表现为生产者对农产品质量安全方面的更多信息的了解。而消费者却对此缺乏足够的了解，信息不对称是导致消费者对农产品信任问题的根本原因，解决消费者和生产者之间的信息不对称问题是改善农产品安全管理模式的主要方向。由于农产品风险认知与农产品品牌信任呈负相关，与农产品品牌购买意愿也呈负相关，为了提高公众对农产品的信任，农产品品牌经营者与管理者应建立产品质量控制系统与风险管理机制，引导和管理消费者的农产品风险认知与评价，避免农产品安全风险事件。此外，个体自身的信任倾向、个体对外界情境的风险认知、信任产生的大环境，即一个国家的文化传统和社会发展状况都会对信任及其后果行为产生影响。

除了个体对农产品信任研究之外，很多学者对农产品供应链合作伙伴信任进行了研究。陆杉（2012）基于博弈论理论对农产品供应链成员信任机制的建议与完善进行了研究，提出应建立适当的农产品供应链成员进入机制、完善的激励机制、规范的约束机制和有效的沟通与协调机制对农产品供应链信任机制进行维护，确保整个农产品供应链实现双赢或多赢的协同效应。周杰（2011）则认为，可以通过强调互惠共生和信息共享，能够降低农产品质量安全控制成本，提高农产品质量安全控制效果。而在农产品流通网络中，由于主体既嵌入在由分工、交易形成的经济网络中，也嵌入于一个由地缘、血缘、友谊等社会关系构成的社会网络中。社会网络承载信任、信息、情感、权力、规范等，因而网络中存在着一种由经济网络和社会网络相互作用"双网络"。由于农产品流通的网络化、组织化和契约化程度低，信任程度也不高，因此必须利用社会关系和网络机制加强中间商组织建设，完善农产品流通网络和提升信任度。

2.2 本章小结

　　本章就信任及农产品信任的概念做了相关阐述，在整理已有观点的基础上，本书结合研究对象和目的，认为信任即人们处于不确定性、风险或者信息不对称的情景下，对被信任对象做出积极预期的结果。本书研究对象是消费者个人，由于消费者信任是一个综合性的概念，是基于特定环境下消费者对被信任对象的一个多维评价，是对对方会遵守其承诺和责任的期待，是信心、信用、情感与认知的综合、意愿。

　　网络环境下的消费信任这一概念在不同学者的研究中，有不同的称谓，其内涵却基本一致，都包括了正面预期、风险、能力、正直、善意等因素。由于网络的虚拟性和高技术性，基于网络的消费过程与传统消费交换过程存在巨大差异。个人对网站的熟悉度与信任度会正向影响其询问商品信息和购买商品的决策。其中，信任的影响力大于熟悉度，并且信任对于网络使用者购买商品决策的影响也更胜于询问商品信息。

　　在探讨农产品安全问题时，农产品消费信任即指消费者对农产品质量与安全水平的感知程度，而保障农产品的质量安全是由多个责任主体来承担的，包括种植农户、加工企业和政府监管机构等，因此农产品消费信任影响因素不仅包括农产品本身、消费者个人属性，还包括环境因素，如政府权威、第三方影响等。

第3章

消费者网络购买有机食品可追溯信息信任影响模型构建[①]

当食品安全成为人们关心的首要问题时，人们开始趋向于选择"有机"食品。有机农业运动国际联合会（IFOAM）对"有机"给出的定义是：生产过程因地制宜，依赖于生态的、生物多样化和自然循环的，而不是对土壤、生态系统和人的健康产生不良影响的过程（IFOAM，2012）。由于信任影响标的可以表现在很多方面，在实践中，作为食品最主要销售渠道的各大零售平台，在食品上使用追溯标识非常普遍，越来越多的生产者为了证明自己产品的安全性，在食品包装上打上"有机"字样，而对于有机标记的使用，商家甚至将此作为其定高价的一个理由。显然，这一行为旨在克服买卖双方信息不对称，提高购买者的信任，促进其购买。因此，本书选择消费者对有机食品可追溯标识为标的进行信任分析。

随着网络市场的迅猛发展，食品生产和经销商开始把注意力越来越多地集中到巨大的网络市场中，相比于传统销售模式，网络消费者购买食品风险感知更强，要激励消费者的购买，必须首先构建其对产品的信任，产品标识的信任度影响了消费者的绿色消费（Sonderholm，2008；Salmela，2006）。由于网络市场的特殊性，消费者不能直接接触到实物，卖家必须对其商品进行相当细致的描述，为了取得消费者的足够信任，商家一般会在食品标签上加注消费者协会或第三方认证，如绿色标签等，相较于其他产品，食品的描述除了标出生产日期和地址外，更会附加对生产加工条

[①] 程玉桂. 有机食品可追溯与网络消费信任研究 [J]. 江西社会科学，2016 (4).

件、过程的具体描述。然而，似乎很少有商家或学者研究过，消费者对这些信息究竟有几分信任，他们真正关注的又是哪些信息呢？有学者提出其实消费者并不会使用或完全理解产品标签上的信息（Oral，1992）。如果消费者感觉信息太复杂而难以理解的话，他们会认为这些信息是故意在误导（Norgaard & Brunso，2011），对有机标签信任的缺乏同样会引起消费者困惑以至于阻碍市场的发展。

3.1 可追溯性及相关研究概述

可追溯性为"通过登记的识别码，对商品或行为的历史和使用或位置予以追踪的能力"（Olsena & Borit，2013）。"生态标识"第一次提出是在20世纪70年代，只有具有最好的环境特征的产品才能使用"生态标识"，而相关认证体系和经营标准则是在20世纪80和90年代提出，它被认为是有别于非生态的标志性记号，消费者显然更信任贴有标明食品产地的标识的食品（Fred Kuchler，Barry Krissoff，David Harvey，2010）。国内外对食品可追溯标识的研究主要体现在以下几个方面。

3.1.1 政府对食品可追溯标识管理政策监督

食品可追溯标识形成了一个新的环境政策，这是市场化的，并且能够拉动消费，通过国家和私人协会共同制定并实施的部分（Mol et al.，2000）。在过去的几十年中，很多有关标识使用的法律政策已经制定，不仅有欧盟委员会和大众联合会，还有私立机构的、跨国的、国家的，以及区域的环境标志的规定（Murphy 2001；Schmid 2007）。在强调构建可追溯供应链体系必要性时，如果市场不能够提供有效预防或最小化食品安全风险的信息，并且干预的净收益是正的，则强制可追溯是正当（Antle，1995）。而在整个食品可追溯供应链体系中，由于消费者对信息的需求，生产者、加工企业或零售商的供给之间存在矛盾等，需要政府干预（Verbeke，1999），政府可以采取制定严格的不安全食品召回标准，增加对生产不安全食品企业的惩罚,加强对食源性疾病危害的监控等措施(Golan,2004)。

中国尚处于监管技术相对较低的市场发展初期,由于严格监管的有效性不足且与地方发展目标相冲突,政府通常会以牺牲食品安全为代价换取地方发展,政策性负担导致的规制俘获,往往难以有效实施严格监管。只有通过司法独立、垂直监管、社会监督等转变监管模式,引入不受政策性负担影响的监管主体,才能积极推动食品安全监管向严格依法治理转型(龚强等,2015)。与发达国家相对完善的法律体系和操作管理制度相比,徐翔、周峰(2007)认为我国鲜活农产品可追溯体系建立的措施行政效力很强,却没能上升到法律体系建设层面而无法形成长效机制。我国在食品包装和追溯标识管理方面存在标签混乱、内容不一、用词不规范等问题。

3.1.2 消费者对食品可追溯标识的认知与购买行为

首先,消费者对可追溯食品的认知程度较低,虽然大多数被调查者表示愿意为可追溯食品支付高于普通食品的价格(Pouliot & Sumner, 2008; Loureiro & Umberger, 2007),但是愿意支付的被调查者所占比例非常小。影响消费者对可追溯农产品的支付意愿的因素主要有职业、购买行为及信息等(王锋等,2009);而对自身健康与环境关注度更高的人,对产品的有机信息的关注度也更大(Stefan Hoffmann et al., 2013);不同种族和性别的人对有机食品的选择也是不一样的(Su - Huey, Quah. Andrew & K. G. Tan, 2010);此外,伦理道德也影响着消费者对安全食品的购买意愿(Giovanni Pino et al., 2012)。

其次,随着消费者对食品安全担心程度的增加,他们对无公害、绿色和有机食品的支付意愿也在提高(谢敏等,2016;戴迎春等,2006;王志刚等,2007)。此外,消费者不仅需要更多的食品质量与安全信息,而且要求提供信息的标识能够被理解和通过一个可信和可靠的有机体进行传达(Rafia, 2007);不仅要求确保食品安全,而且要求食品在一个可以及时准确的识别可能的食品安全风险来源的体系中进行生产。他们显然更信任贴有标明产地等标识的食品（Fred Kuchler，Barry & Krissoff，David Harvey，2010）。此外，信任程度在消费者决定是否购买有机食品时显得尤为重要（Vindigni，Janssen & Jager，2002；Hugner et al.，2007）。

以上研究从政府、企业和消费者视角对政府监管、消费认知行为和企业构建意愿等做了较好的阐述，本研究拟将消费者对追溯农产品的认知研究延伸到农产品的网络消费行为中。深层次探究消费者网络购买可追溯农产品信任因子，并构建相关信任模型。

3.2 信任模型理论

信任模型的雏形是布拉兹（Blaze，1996）提出的"信任管理"（trust management）的概念，其作为一个涉及社会学、心理学等多个学科、多领域的研究概念，基于对信任定义的基础上，阿卜杜尔－拉哈玛（A. Abdul－Rahman，1997）以信任的设计概念为基础，对信任的内容与程度进行等级划分，考虑信任的主观性，提出了信任度量的数学模型。在电子商务领域，研究者着力于在信息技术上构建信任模型，而本书探讨的则是基于消费者视角的信任模型。由于消费行为是一门综合行为学、心理学、经济学、社会学等学科，因此有关消费信任模型均是在信任概念不同阐述的基础上构建的。

组织行为学视角理解信任为一种信念和意愿，强调信任的风险性，信任的前因、过程和结果。持有该观点的代表学者是梅耶、戴维斯和司谷门（Mayer，Davids & Schoorman，1995），他们认为值得信任的因素包括能力、善意和正直，能力意指信任者认为被信任者具有某些处理特定事务的技能；仁慈意指被信任者对信任者有所关怀，并对其抱持善意（good will）而排除利己动机的获利行动的程度；正直意指信任者感到被信任者会坚持某些足以依赖的原则。

梅耶认为信任的过程中必须承担风险，并提出了信任的概念模型（如图3-1所示）。

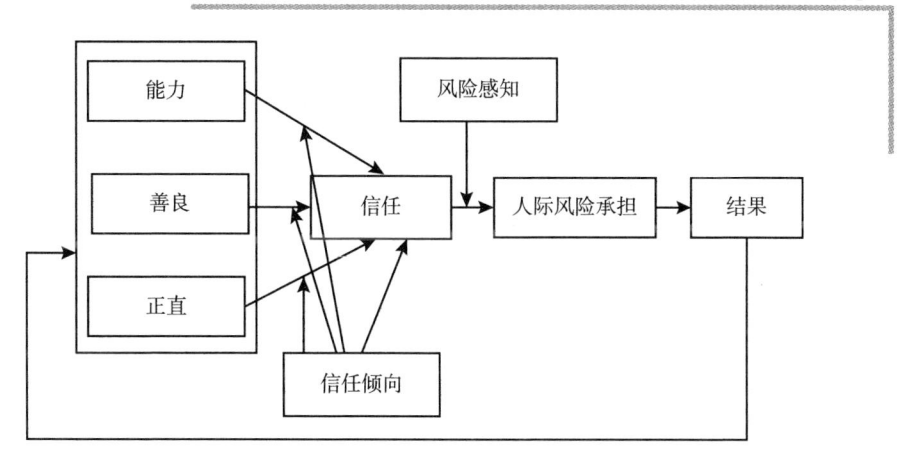

第 3 章 消费者网络购买有机食品可追溯信息信任影响模型构建

图 3-1 梅耶（Mayer）信任模型

资料来源：Mayer R C, Davis J H, Schoorm an F D. An Integrative Model of Organizational Trust [J]. Academy of Management Review, 1995, 20 (3): 709-734.

模型表明，施信者对受信者的信任取决于能力、善良和正直三个方面，且受个人信任倾向的影响，同时还必须承担人际间的风险。

关于信任倾向，哈津达格尔（Harjinder Gill, 2005）的解释是，消费者的信任倾向与信任情境存在相互关系，并且受到信任情境的调节，在强信任情境中（各种信任信息非常透明、明确），则信任倾向与信任的相关性不显著，而在弱信任情境中（各种信任信息是模糊而不确定的，对受信者是否善意也不确定），信任倾向与信任的相关性则非常显著，同时信任倾向与对受信者善意的感知之间相关性非常显著。莫柔等（Morrow et al., 2004）则认为，信任倾向可以被定义为对某人或某事产生信任的一种态度与意愿，或是基于个性特征的一种信任，可以被描述成个人发展过程中形成的一种较为稳定的个性特征（Rotter, 1980）。

消费者的行为与决策主要是基于其目标利益获得的。而当其期望的收益水平无法达到时，消费者就在某种意义上承担了一定的风险，这种风险就是感知风险（Bauer, 1960）。当消费者担心自身知识水平及信息有限，担心购买决策后果的不确定性及出现错误决策给自身可能造成损失的严重程度，此时就是消费者的感知风险（Cox, 1967）。财务风险、功能风险、身体风险、心理风险、社会风险和时间风险是感知风险的六大因素（Jacoby & Kaplan, 1972；Peter & Tarpey, 1975），以上理论对本书在对网络消费信任维度的理解中,提供了重要的理论依据。

以上模型在解释认知与行为对信任影响的同时,也说明了人际风险对信任的结果的影响。而人际风险对信任的影响,既有社会个体之间的人际信任,也存在大规模社会群体之间的社会信任,以及社会制度和文化规范情境对信任产生的影响。

此外,社会和社会心理学视角从信任在社会关系中的角色角度进行了思考,强调信任在社会关系中的形成机制,以及社会背景下的心理状态。基于此,麦克奈特(Mcknight et al., 1998)在 Mayer 模型基础上进行了拓展,把电子商务背景下的顾客信任定义为信任意念(trusting beliefs)和信任意向(trusting intention),并提出了电子商务信任模型(如图 3-2 所示)。

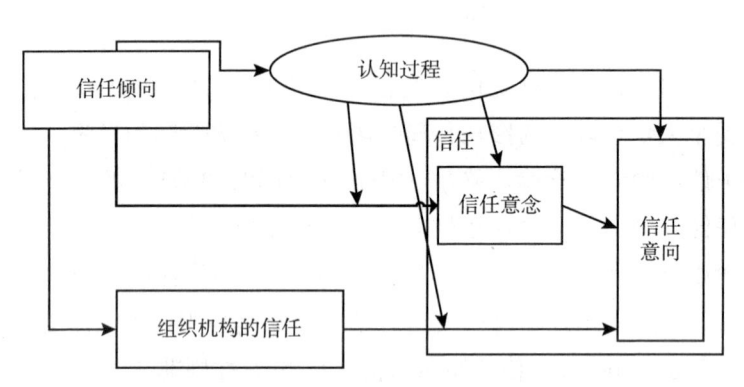

图 3-2 梅克奈(Mcknight)初始信任模型

资料来源:McKnight D. H., Commings, L. L., & Chervary, N. L., Initial Trust Formation in New Organizational Relationships [J]. Academy of Management Review, 1998, 23 (3): 473 - 490.

从模型中可以看出,麦克奈特认为消费者初始信任来源于个体信任倾向、认知过程和组织机构方面的信任三个方面。其中,信任倾向指个体意愿依赖于他人的倾向,而组织机构的信任基于个体相信在一定情境下,个体对组织机构会提供可信的信息的认可。模型中信任包括两个部分:信任意念和信任意向,认知过程和信任倾向影响个体信任意念的形成,信任意念包含善意意念、胜任力意念、诚实意念和可预见性意念(杨波,2011)。信任倾向影响信任意念和组织机构的信任,信任倾向性形成及组织机构信任对信任意向的形成都有一定影响。

该模型把组织机构的信任列入信任模型中，这为本书第二部分"第三方机构"与公众信任关系的研究提供了理论依据。

麦克奈特等（2002）在初始模型的基础上，对电子商务的顾客信任又进行了实证分析，并提出了电子商务信任模型（如图3-3所示）。

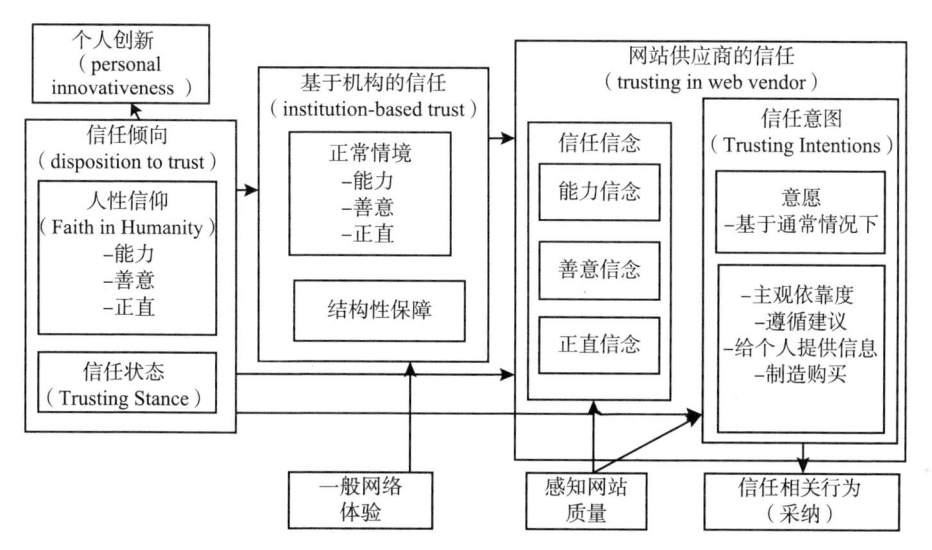

图3-3 网络信任模型—结构和机理网络

资料来源：McKnight, Choudhury & kacmar, Developing and Validating Trust Measures for e-Commerce［J］. Information Systems Research, 2002, 13 (3): 234-259.

该模型解释了网络信任的结构和机理：影响消费者网络信任的信任因子包括个人创新、网络体验和感知网站质量。个人创新是一种能反映新的想法或技术的自信或乐观的特质，信任的倾向积极影响着个人创新；一般的网络体验与基于机构的信任是正相关的，感知网站质量积极地影响着信任信念和信任的意图，如果消费者认为网站质量高，他们会对网络供应商形成信任的意图。最后，信任将影响消费者网络消费行为，包括听从网络平台提供的购买建议、提供个人信息及采取购买行为。

个人创新体现在能力、善意和正直三个部分的信仰及个人信任行为状态；基于机构的信任取决于机构在能力善意和正直方面的正常体现，以及机构运行的结构性保障条件；基于网络供应商的信任两大部分：一部分是能力善意和正直上的信任信念，另一部分为信任意图。

关于网络消费信任（或电子商务环境下的信任），国内外学者通过大量的实证分析，提出了不少模型，考虑到本书的研究内容和研究对象，本书的研究将以如上三大模型为理论依据进行实证分析。

3.3 网络消费信任维度界定

对于信任维度的划分，很多学者在各个国家不同人群中做了实证研究，并提出了信任的不同维度。埃肯（Aiken，2001）把交易信任分为认知型、行为型和情感型三种。认知型信任主要指消费者对网络营销企业的实力、品质、可靠度的认知，行为型信任主要指消费者是否有向企业网站提供私人信息（比如家庭电话、成员和住址）的行为，情感型信任主要是指消费者是否青睐、信任该网络企业。

梅耶（1995）将信任维度划分为正直、善意与能力。其对信任维度的划分取决于施信者对受信者的感知信任水平，即施信者感知到的信任源于受信者可信赖的某些特质，简言之，当施信者从受信者身上感受到的这些特质越多，那么施信者对受信者的信任水平越高。

网络消费信任维度研究中，巴普咯（2002）提出网络营销中消费者信任由可信度和善良组成，可信度是指消费者对网络商家能够诚实有效地履行交易、信守承诺的预期，同时还包含对商家竞争力、专业技能等方面的评估；善良是指消费者对网络商家公正诚实品质的预期。

由于网络的虚拟性和高技术性，使得基于网络的消费过程与传统消费交换过程存在巨大差异。个人对网站的熟悉度与信任会正向影响其询问商品信息和购买商品的决策，其中信任的影响力大于熟悉度，并且信任对于网络使用者购买商品决策的影响也更胜于询问商品信息。

此外，学者们还认为环境对信任有着很大的影响，坦和萨瑟兰（Tan & Sutherland，2004）把消费者信任看成是三维构建：包括个人信任倾向（消费者维度）、人际信任（卖主维度）和制度信任（互联网环境维度）。他认为三个维度之间相互影响，并共同影响购买决策。由于网络营销环的非主观性及安全风险,使得"制度信任"变得尤为重要,"制度信任"体现在网络消费中尤甚于线下市场。网络消费信用依赖于第三方权威机构,信用的程度依赖于该权威机构的使用成本。在虚拟的网络世界中,消费者没能力控制网络商人,也没能力控制网络信息内容的安全,也无法干涉网站的行为。但是第三方认证或中介机构的作用可以平衡双方力量(陈秋雨,2009),表3-1对国外有代表性的网络信任维度的描述进行了概括。

相比国外学者,我国学者就农产品信任影响因子进行了一系列研究,但基本都是基于国外学者信任维度基础上进行的延伸和拓展,本书不再一一赘述。

表3-1　部分国外学者网络信任维度划分(文献整理后总结)

研究者	维度
艾肯(Aiken, 2001)	认知型:实力、品质、可靠度 行为型:是否愿为网络企业提供个人信息 情感型:是否青睐、信任网络企业
梅耶等(Mayer et al., 1995)	能力(competence) 善意(benevolence) 正直(integrity)
坦和苏泽兰迪(Tan & Sutherland, 2004)	个人信任倾向(消费者维度) 人际信任(卖家维度) 制度信任(互联网环境维度)
弗雷温和迈尔斯(Frewer & Miles, 2001)	能力、关心公益、诚实
摩曼等(Moorman et al., 1993)	诚信(integrity) 可靠性(confidentiality) 专业技能(expertise) 练达性(tactfulness) 真诚性(sincerity) 亲和力(congeniality) 即时性(timeliness)

3.4

可追溯信息与网络消费信任假设关系提出

基于信任维度理论基础,对可追溯标识信息与消费者网络消费信任之间关系进行探究。可以从学者们有关消费者信任影响因素研究着手。"生态标识"第一次提出是在20世纪70年代,只有具有最好的环境特征的产品才能使用"生态标识",而相关认证体系和经营标准则是在20世纪八九十年代提出,它被认为是有别于非生态的标志性记号,消费者显然更信任贴有标明食品产地的标识的食品。信任程度在消费者决定是否购买有机食品时显得尤为重要。西里埃等(Sirieix et al.,1999)通过消费者对食品的新的需求和期望调查发现,消费者的信心与食品属性的信息相关,除非有标识证明,否则消费者在购买时无法获知食品的信任属性,因此增加了消费者对信任品的信息需求。而格兰克—韦斯特和比尔(Grank-vist & Biel,2001)则认为更健康、口味及生产环境更好的"生态标识"产品更能使消费者信服,且促进其积极购买(Hughner et al.,2007,Guillaume & Gruère.,2015)。

萨格森(Thogersen,2000)也认为消费者的"知识"在其对产品标识的理解和认知也有着直接的影响,这里的"知识"是指一个人识别和理解产品标识的能力,"知识"水平越高,对标识的属性等的理解越多,同时对标识产品的消费就有着积极的影响;而"知识"水平的高低与消费者"受教育程度"(levels of education)、"社会想象"(social image)、"自我想象"(self-image)正相关。结合本研究内容我们可以认为消费者的"社会想象"表现为对社会环境和资源的保护和关心,对家庭的责任感等,而"自我想象"则可以表现为自我的认知与自我概念,自我健康关注度等。

由于有机食品通常较贵,家庭在购买时会对普通食品和有机食品进行权衡,每个家庭收入的不同,在购买有机食品中的花费也不同。同时,受教育程度也经常被发现与有机食品的花费有关。此外,有机食品上的花费也受性别和年龄的影响,一些研究发现,高收入家庭、受过高等教育的人、女性和已婚夫妇通常更愿意购买有机水果和蔬菜。

除了产品本身和消费者个人因素之外,组织因素又是如何影响消费者信任的?李强、高文(2007)在研究中国消费者初始信任影响因素时,发现权威认定、声誉、企业概况、诚意表现和宣传力度五个因素对民众的消费行为有影响。其中企业概况和权威认定对信任形成的影响最大。同时,阿杰泽(Ajzen, I.,2011)指出消费者会因为信任第三方公证而产生对网络商店的信任,这种信任属于移转式信任,第三方公证不仅可以成为网络零售商在经营网站时增加消费者信任的一项方法,而且可以最小化交易风险并增加消费者网络购物的意愿。本书认为,组织的影响不应仅限于以上几个方面,相对于传统市场,由于信息来源的有限及信息不对称,消费者网络购买有机食品的风险意识更强,对安全信息的获得意愿更强烈,而在中国,人们更信任来自于政府、媒体等机构的信息,因此第三方组织应该包括政府、媒体等组织。通过以上文献梳理,本书提出以下假设:

H1:网购中,有机食品的属性与消费者对可追溯标识信息的信任正相关;

H2:网购中,消费者个人的自我概念、对健康关注度和绿色环保意识与对有机食品可追溯标签信息的理解和信任正相关;

H3:网络市场中,收入、性别、年龄、受教育程度等会影响消费者对食品可追溯标签信息的理解和信任;

H4:网络环境下,政府及第三方监督机构将影响消费者对有机食品可追溯信息的理解和信任。

3.5 信任模型构建

有关信任模型,学术界已经有过较成熟的理论,国内学者就消费信任模型也做了一些研究,但主要还是集中在理论分析。本书拟结合梅耶、麦克奈特的信任模型理论(图3-1、图3-2)进行分析。梅耶(1995)提出了传统环境下信任的三维模型结构,即能力(ability)、善良(benevolence)和正直(integrity),赫斯克特等(Heskett et al.,1994)则认为企业提供给顾客的认知服务价值将会影响顾客满意和信任,消费者认知信念的产生需要相应的源于消费经历中形成的经验和知识,包括对质量的感知、价值的感知、美好的消费体验等。由此,基于以上观点,消费环境在消费者对可追溯标识信息信任影响分为两个部分:信任的信念和信任的感知价值,而对质量的感知主要体现在对产品的属性和组织的认知上,麦克奈特认为,组织机构的信任基于个体相信在一定情境下,个体对组织机构会提供可信的信息的认可。而组织的认知与信任主要包括政府的权威、媒体、认证机构等第三方信息信任、有机食品生产供应商及网络销售平台的信任因素，这些构成了消费者对可追溯标识信息信任的信念，而价值的感知和美好的消费体验，则与消费者个人内在的自我感知、外在的收入等个人统计因素有密切关系。此外，消费者的网购经验对此同样有着一定的影响。

由以上信任机制形成的理论，及中外学者对信任、网购信任及有机食品购买信任的研究，本研究提出如下概念模型（如图3-4所示）。

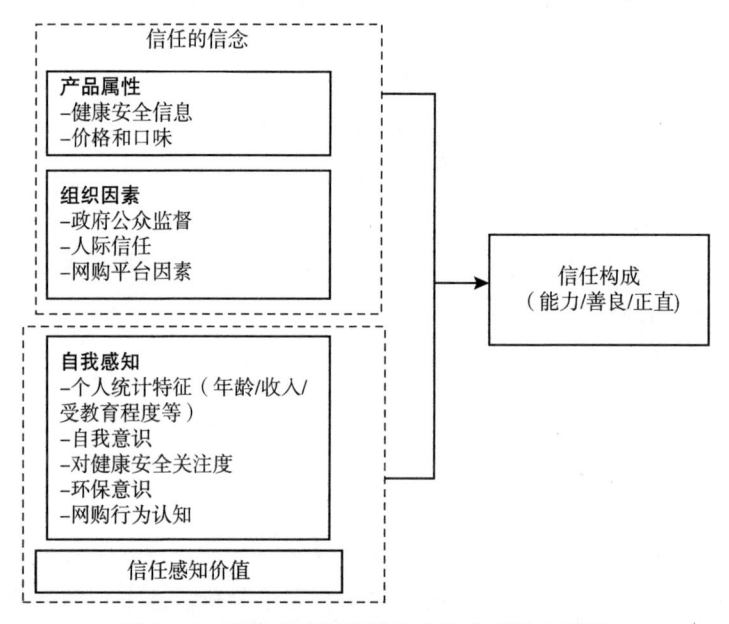

```
┌─────────────────────────────────┐
│        信任的信念                │
│  ┌───────────────────────┐      │
│  │ 产品属性              │      │
│  │ -健康安全信息         │      │
│  │ -价格和口味           │      │
│  └───────────────────────┘      │
│  ┌───────────────────────┐      │      ┌──────────────┐
│  │ 组织因素              │      │      │              │
│  │ -政府公众监督         │──────┼─────▶│  信任构成    │
│  │ -人际信任             │      │      │（能力/善良/正直）│
│  │ -网购平台因素         │      │      │              │
│  └───────────────────────┘      │      └──────────────┘
│  ┌───────────────────────┐      │
│  │ 自我感知              │      │
│  │ -个人统计特征（年龄/收入/│      │
│  │  受教育程度等）       │      │
│  │ -自我意识             │      │
│  │ -对健康安全关注度     │      │
│  │ -环保意识             │      │
│  │ -网购行为认知         │      │
│  └───────────────────────┘      │
│        信任感知价值              │
└─────────────────────────────────┘
```

图3-4 消费者对网络购买有机食品信任模型

3.6 模型验证

3.6.1 量表开发

依据图3-4模型，我们设计了由44个问题组成的问卷（见附录1），研究选用 Likert 5 级量表，在态度选项上，1 分表示"反对"，2 分表示"不同意"，3 分表示"一般"，4 分表示"同意"，5 分表示"非常赞成"；在绿色环保选择中，1 分表示"极不愿意"，2 分表示"不愿意"，3 分表示"无所谓"，4 分表示"愿意"，5 分表示"非常愿意"。

调研采用网上和网下形式发放了 400 份问卷，收回 350 份，有效问卷 326 份，有效率为 93%。问卷信度 $\alpha = 0.82$，适合做调研。

3.6.2 样本特征描述统计

考虑网络市场的消费群体特征，加之有机食品价格不菲，中国的调研选择在上海、北京、广州、深圳一类消费城市和长沙、南昌、厦门、福州等二、三类消费城市进行，调研对象构成如表 3-2 所示。

表 3-2　　　　　　　　调研对象人口特征

样本特征	特征项	特征项	特征值
性别	男	167	51.2
	女	159	48.8
年龄	18~24 岁	144	44.2
	25~35 岁	134	41.1
	36~45 岁	36	11.0
	46~55 岁	12	3.7
工作年限	1~3 年	169	51.8
	4~8 年	98	30.1
	9~15 年	40	12.3
	16~25 年	11	3.4
	25 年以上	8	2.5
受教育程度	高中	62	19.0
	本科	222	68.1
	研究生	42	12.9

续表

样本特征		特征项	特征值
在线购买	有	261	80.1
	无	65	19.9
在线购买年限	0	13	4.0
	1~3年	136	41.7
	4~8年	127	39.0
	8年以上	22	6.7
每月收入	10000元以上	26	8.0
	6000~10000元	59	18.1
	3000~6000元	143	43.9
	3000元以下	98	30.1
合计		326	100

调研对象中，男女百分比为40.2∶57.4，男女比例基本持平；年龄组18~30岁、31~50岁及50岁以上，比例为71.8∶25.4∶2.8，以30岁以下为主要调研对象，30~50岁也占有一定比例，由于网购者一般以55岁以下者居多，因此人员年龄结果构成在合理范围之内；考虑有机食品的购买需要以对食品的认知和观念为基础，因此在学历的选择上以中高学历者为主，本科以上与以下者的比例为：81.5∶18.5；工作经验1~3年与4年以上者，比例为57.1∶42.9，比较均衡；收入分为3000元及以下、3000~8000元、8000元以上，比例为50.8∶35.4∶13.8。

3.6.3 实证分析

用SPSS 19进行了因子分析，以提取被试对可追溯信息的主要反应因素，并通过回归分析，了解网络消费信任与以上控制变量间的关系。用主成分因子法，采用最大方差法旋转，得到11个网购有机食品可追溯信息信任变量（如表3-3所示）。

第3章 消费者网络购买有机食品可追溯信息信任影响模型构建

表3-3 因子分析结果

初始变量	因子1 购买绿色产品	因子2 能源保护	初始变量	因子3 有机食品健康利益	因子4 有机食品支付能力	初始变量	因子5 自我概念	因子6 第一手信息影响	初始变量	因子7 第三方信息影响	因子8 自我健康意识	初始变量	因子9 在线购买经济利益	因子10 在线购买食品安全和新鲜度	因子11 消极的健康行为
驾驶混合动力车或电动车	0.675		有机食品不合化肥有利健康	0.695		购买有机食品是有修养行为	0.686		政府对有机食品生产加工商已经制定了相关法规进行管控	0.769		不会网购食品,因为不太安全			
安装节能灯		0.775	有机食品不喷洒农药和化肥有利于环保	0.648		有钱人才买得起有机食品	0.691		电视杂志等媒体对有机食品的利益做了很多介绍	0.796		如果网店对食品加工过程和环境有很详细描述,会网购	0.707	0.805	
购买包装袋可以回收的产品	0.679		有机食品更贵		0.703	买有机食品的人环保意识比较强	0.707		我的朋友吃过有机食品并向我推荐,我应该会买	0.745		网上团购便宜,买得人也多,会网购	0.778		
使用绿色可回收包装袋		0.699	有机食品不好看,而且会长虫		0.814	了解有机食品并能分辨它的人才会去买	0.686		标签上注明了产地、出厂日期等信息,我会相信	0.812		对于蔬菜水果鱼肉等食品,担心网购不新鲜		0.802	

续表

初始变量	因子1 购买绿色产品	因子2 能源保护	初始变量	因子3 有机食品健康利益	因子4 有机食品支付能力	初始变量	因子5 自我概念	因子6 第一手信息影响	初始变量	因子7 第三方信息影响	因子8 自我健康意识	初始变量	因子9 在线购买经济利益	因子10 在线购买食品安全和新鲜度	因子11 消极的健康行为
不使用时关灯和设备		0.841	无法分辨是否是有机食品,所以不会买		0.807	买有机食品的应该是有身份地位的人	0.741		当看到标签上有绿色环保和消协标志时,我会信任并购买	0.786		网购可以节省时间,我会网购食品	0.765		
建筑或装修房子时会考虑绿色环保因素	0.715		吃过有机食品,感觉不错,会再买	0.683		买有机食品的人家庭责任感较强	0.651		关注最新的科学健康信息		0.820	不太喜欢了解怎么吃得更健康			0.824
购买环保清洁剂	0.742		有机食品更有营养	0.724		只有亲眼看到生产(加工)过程才会信任标签		0.995	评价健康报告的真实性和正确性		0.830	直到不舒服了才去医院			0.800

第3章 消费者网络购买有机食品可追溯信息信任影响模型构建

为进一步验证信任与网购有机食品可追溯信息变量间的关系,我们对变量进行了回归分析(如表3-4a、表3-4b所示),结果显示:"购买绿色食品""自我概念""在线购买经济利益""消极健康行为"影响消费者对"第三方信息信任","有机食品的支付能力""自我认知和自我概念"影响"第一手信息信任"。

用方差分析,我们了解到年龄、性别、收入、工作年限、受教育程度及在线购买经历与网购有机食品可追溯标识信息信任变量间的关系(如表3-5、表3-6所示)。可见,"年龄层"与"在线购买食品安全和新鲜度"正相关,且年龄越小越介意在线购买食物的安全性和新鲜度;"工作年限"与"有机食品健康利益""自我健康意识"正相关,且工作年限越长者,自我健康意识更强,对网络购买食品更注重食品的健康和营养;"受教育程度"和"消极的健康行为"正相关,且教育程度越高者更关注与自身健康相关的信息;"在线购买经验"和"在线购买食品安全和新鲜度"正相关,且在线购物经验越少的人,在线购买食品时更关注食品的安全性和新鲜度;"收入层2"(月收入6000元)和"消极的健康行为""在线购买经济利益"正相关,即6000元以上收入者较6000元以下收入者对健康的关注度更低,6000元收入以上收入者较6000元以下收入者更注重网店团购、生产加工信息等的描述及网购时间的节省;"性别"和"能源保护""有机食品健康利益"正相关,即女性比男性节能意识更强,且更注重有机食品诸如是否含有化肥、是否有营养、口味如何等信息。

表3-4a   "第三方信息"回归结果

模型		标准化系数 Beta	t	显著性
1	(Constant)		0.000	1.000
	购买绿色食品	0.144	2.834	0.005
	能源保护	-0.090	-1.879	0.061
	有机食品健康利益	0.078	1.473	0.142
	有机食品支付能力	-0.010	-0.191	0.848

续表

模型		标准化系数 Beta	t	显著性
1	自我健康意识	0.015	0.285	0.776
	负面健康行为	0.109	2.081	0.038
	自我概念	0.210	4.037	0.000
	在线购买经济利益	0.319	6.248	0.000
	在线购买食品安全和新鲜度	0.099	2.014	0.045

a. 独立变量：第三方信息。

表3-4b　　　　　　　　"第一手信息"回归结果

模型		标准化系数 Beta	t	显著性
1	(Constant)		0.000	1.000
	购买绿色食品	-0.067	-1.187	0.236
	能源保护	0.073	1.357	0.176
	有机食品健康利益	0.104	1.766	0.078
	有机食品支付能力	0.163	2.851	0.005
	自我健康意识	0.005	0.084	0.933
	负面健康行为	-0.064	-1.094	0.275
	自我概念	0.194	3.344	0.001
	在线购买经济利益	-0.021	-0.375	0.708
	在线购买食品安全和新鲜度	0.252	4.601	0.000

a. 独立变量：第一手信息。

表3-5　　　　　　　　ANOVAs分析结果

	独立变量	自由度	均方差	F	显著性
年龄层	在线购买食品安全和新鲜度	1	4.796	4.853	0.028

续表

独立变量		自由度	均方差	F	显著性
工作经验	有机食品健康利益	1	8.251	8.44	0.004
	自我健康意识	1	4.296	4.34	0.038
受教育程度	负面健康行为	1	5.096	5.162	0.024
网购经验	在线购买食品安全和新鲜度	1	10.332	10.64	0.001
收入层次（2）	负面健康行为	1	4.942	5.003	0.026
	在线购买经济利益	1	5.243	5.312	0.022
性别	能源保护	1	5.527	5.605	0.018
	有机食品健康利益	1	5.65	5.732	0.017

表 3-6　　　　　　　　　　变量中值组

	独立变量		中值	标准误差
年龄层	在线购买食品安全和新鲜度	18~24 岁	0.136	0.083
		25 岁及以上	-0.108	0.074
工作经验	有机食品健康利益	1~3 年	-0.153	0.076
		4 年及以上	0.165	0.079
	自我健康意识	1~3 年	-0.111	0.077
		4 年及以上	0.119	0.079
受教育程度	负面健康行为	高中	0.258	0.126
		本科及以上	-0.061	0.061
网购经验	在线购买食品安全和新鲜度	3 年及以下	0.177	0.077
		3 年以上	-0.179	0.077
收入层（2）	负面健康行为	6000 元以上	0.206	0.107
		6000 元以下	-0.074	0.064
	在线购买经济利益	6000 元以上	0.212	0.107
		6000 元以下	-0.076	0.064

续表

独立变量		中值	标准误差
性别	能源保护 男性	-0.127	0.077
	女性	0.133	0.079
	有机食品健康利益 男性	-0.128	0.077
	女性	0.135	0.079

3.6.4 结果分析与讨论

本书通过文献梳理的方式，提出了研究问题，并构建了图3-4的消费者对有机食品可追溯信息信任影响模型，实证分析后发现：

网络购物中，影响消费者对有机食品可追溯标识信息的信任表现在两个方面，一是其对食品加工过程的直接信息的掌握，即如果对生产（加工）原产地、日期和生产（加工）条件等信息的描述得越多，消费者对可追溯信息越信任，我们把这种信任称为"第一手信息信任"；二是其对来自于朋友、电视、报纸、杂志等媒体，以及政府监管、第三方认证和官方网站的信息的信任，即如果消费者之前从电视、报纸、杂志等媒体中已经对有机食品有所了解的话，则会增加他们对有机产品的信任，而且人们对政府的监督也给予了较高的信赖。此外，第三方认证和官方网站推出的团购等同样也能使消费者信服，我们把这种信任称为"第三方信息信任"，影响"第三方信息信任"的还有消费者的绿色食品购买行为、消费者对网络购买有机食品所得利益的期望。即，如果媒体、认证机构及官方网站（网店）加大绿色环保信息的真实描述及消费者网购经济利益（如团购的高性价比、网购时间成本的降低等）的强调，其信任程度必然加强。而对于"消极健康行为"对"第三方信息信任"的影响，则可以解释为对于那些不关心自身健康的消费者而言，或许第三方的权威和知名度可以帮助他们提升对可追溯信息的信任，结论支持了我们的假设H4。

进一步回归发现，有机食品的安全与新鲜度、有机食品的支付能力（产品属性）及消费者的自我概念影响了其对"第一手信息信任"。首先，

第3章　消费者网络购买有机食品可追溯信息信任影响模型构建

对有机食品属性有更多认识的消费者会更容易信任有机食品可追溯信息；其次，自我概念影响着消费者对"第三方信息信任"。所谓自我概念，它可以从多个角度来解释，即现实自我、理想自我和社会自我，总体的自我态度（如自我尊敬或自我满意）被用来辨别现实自我与理想自我或社会自我间的关系，消费者选择与其自我概念和自我价值相匹配的产品来表达其不同的消费态度、购买趋势、行为、满意度和忠诚度。本书中，消费者的自我概念表现在消费者认为买有机食品是有文化素养、环保意识较强、有家庭责任感且富裕的人，这从另一个角度折射出，有机食品可追溯信息中的绿色环保内容、文化内涵，以及家庭与爱的内容的渲染与渗透会加深消费者的信任，即使有机食品贵一点。可见，研究结论支持了我们的假设H1、假设H2和假设H4。

研究最后发现，第一，24岁以下人比25岁以上人对网上购买有机食品的安全性和新鲜度更介意，他们更偏向于认为网上购买有机食品和蔬菜会不够安全、不太新鲜，因此会谨慎选择。这是个比较有趣的结果，或许可以解释为，24岁以下消费者大多生活经验都比较少，因此对食品等的选择能力比较欠缺，即在网上选购食品和蔬菜时缺乏足够的信心，选择自然就表现得更为谨慎；反之，25岁以上的消费者由于其较丰富的鉴别食品和蔬菜的能力，其网上购买信心会更强一些，同理可以解释，在线购买经验少的人，自然更缺乏对网上购买食品和蔬菜的信心；第二，工作经历较长的人更注重有机食品是否含有化肥等属性，工作经历长者生活经验丰富，其健康意识也更强，因此选择食品时自然对食品对身体的健康影响更注重；第三，受教育程度更高者，会更多关注健康信息；第四，收入在6000元以上的消费者更注重团购信息和网购的时间成本。这可以解释为，由于这个群体属于高收入阶层，工作上相对比较繁忙，没有太多时间去购物，但网上购物可以节省其时间，且团购等既可以省钱又有一定的信任度，自然是首选，但由于他们对有机食品的了解度相对较高，在选择有机食品时会更多关注其产地、生产条件等信息。同样的，这个群体的工作压力相对较高，对自身健康的关注度也相应有所忽略；第五，女性和男性相比，女性承担了主要的家庭事务，出于经济的考虑多过男性，因此更多关注产品及包装等的循环利用、节能等因素，而由于她们还是全家人健康的主要照料人,因此她们更注重所买食品的健康因素。这个结论同样支持了我们的假设 H3,同时实证分析结论也验证了图 3-4 的模型。

3.7 政策建议

本书的有关结论,是基于中国当前有机食品网络市场状况所做的调研,其结论对中国乃至其他发展中国家的有机食品(农产品)安全的监管和网络市场发展均有着一定的指导与借鉴作用,其发展之路,不论是在理论研究还是实际运作上,均具有一定的借鉴与指导意义。

3.7.1 从法制上加强有机食品可追溯标识的管理与监督

与发达国家相对完善的法律体系和操作管理制度相比,中国有机食品可追溯标识管理尚未能上升到法律体系建设层面而无法形成长效机制,此外有机食品的包装和追溯标识管理方面存在标签混乱、内容不一、用词不规范等问题。研究发现,中国的消费者比较相信政府、媒体及第三方评估机构的信息,可见政府和媒体等"第三方信息"应当充分发挥其影响力。首先,政府必须构建有机食品可追溯标识管理法律框架,并制定详尽的实施细则,对不符合法律框架要求的行为可以依法追究刑事责任,取缔其生产销售资格,并给予经济严惩;其次,建立与完善有机食品可追溯标识评估与认证法律体系。目前欧美等发达国家已经对此有明确的标准和规范可以借鉴,中国面临的不是标准和规范的制定,而是评估法规的制定和执行与监督。对于评估和认证机构,必须由国家认定具备认证资格的权威机构,严格按照相关标准进行评估和认证。鉴于生产环境和条件的变化,如农药的注册使用,在国际上每隔 2~3 年必须重新评估,因此对"有机"生产(加工)原产地环境和条件的评估必须每隔 2~3 年重新评估,对不能达到标准的,不予以认证,并取缔其使用"有机"标识资格;最后,由于中国的农产品(食品)安全监管机构很多,涉及众多部门,存在较多的职权交叉,以致监管混乱。为此,可采取由中央政府制定统一的行政法规，由各专业管理部门制定技术法规，行政与技术法规共同执行。为了使监管过程透明化，还可以采用民间第三方机构进行监管，该机构成员可以从消费者中产生，实行多元化监管，通过庞大的互联网，将监督信息予以公示，对不达标的企业和产品，执法部门必须依法进行核查并追查相关企业和个人的刑事和行政责任。

3.7.2 构建有机食品可追溯标识管理体系

中国目前虽然已经建立了相关的食品可追溯标识管理办法，但存在追溯标准制定、监管运作、检验认证、技术研发、产业推进相互缺乏匹配的问题，因此可以借鉴欧美等发达国家的做法，建立一个涵盖整个有机食品供应链的，从农田到餐桌，从生产（加工）销售商到地方管理机构，从网下到网上的可追溯标识管理体系，该体系必须在国家法律管理框架下运行，各参与主体必须履行自身的职责和任务。在中国，当前食品生产的主要形式还是以一家一户的小农生产为主，生产经营规模小且分散、组织化程度低。完全靠单一的小企业是很难承担技术改进、质量认证等带来的高成本的，因此地方政府应当从技术和政策支持上积极扶持当地食品生产加工企业的发展，树立龙头企业，打造食品种植（生产）、加工产业集群，让分散的中小加工（生产）企业加入产业集群中，在龙头企业带动下，进入有机食品可追溯标识管理体系。

研究中，消费者网购中接触"有机"时，由于"对其缺乏足够的了解，且价钱偏高，加之对网购缺乏安全感"，其消费信任很大程度寄托于产品溯源标识信息上，消费者"只有看到食品生产（加工）的整个过程，才会真正相信网购食品是安全可信的"，因此，食品供应商应当严格按照国家法律法规要求，依照生产（加工）有机食品条件和标准进行生产（加工）源管理，并进行必要的认证，做到标识信息真实、透明、可信。而对于有机食品网络销售商而言，则应该在其网络销售平台中对有机食品的生产（加工）环境和过程进行详细而真实的描述。因为"选择有机食品的人群对环保和健康关注度较高"，销售商可以就生产（加工）环境的节能环保因素给予更多强调，以取得消费者的更多信任。在销售方式上，可以选择团购为促销方式，并以女性和收入较高、节能环保意识较强的人群为促销对象，因为"官方网站推出的团购等更能使消费者信服"，"女性较男性具有更强的节能与安全健康意识"。

中国高速发展的网络市场使得食品进入网络市场成为必然，但由于有机食品可追溯标识系统构建与管理成本较高，很多中小企业难以承担，这必将导致有机食品生产（加工）商与供应商的投机行为。然而，能接受和信任"有机"食品的主要是健康环保意识较强、收入较高的自我概念与自我意识较强人群，他们愿意支付更高的价格，由此可见，"有机"食品带来的额外收益将高于生产加工企业所投入的成本，而消费者起初对网购的不信任和不安全的顾虑，将通过信息公开透明的可追溯标识给予消除。可见，完善有效的有机食品可追溯标识管理体系的构建，将大大促进有机食品网络市场的发展。

3.8 本章小结

本章首先对梅耶（1995）、麦克奈特（1998）、麦克奈特（2002）三大信任理论进行了必要的解释。梅耶（1995）认为值得信任的因素包括能力、善意和正直，能力意指信任者认为被信任者具有某些处理特定事务的技能；善意指被信任者对信任者有所关怀，并对其抱持善意而排除利己动机的获利行动的程度；正直意指信任者感到被信任者会坚持某些足以依赖的原则。该模型在解释认知与行为对信任影响的同时，也说明了人际风险对信任结果的影响，而人际风险对信任的影响，既有社会个体之间的人际信任，也存在大规模社会群体之间的社会信任，以及社会制度和文化规范情境对信任产生的影响。

麦克奈特（1998）在梅耶（Mayer）理论基础上建立了电子商务背景下顾客初始信任模型，把信任定义为信任意念（trusting beliefs）和信任意向（trusting intention），他认为消费者初始信任来源于个体信任倾向、认知过程和组织机构方面的信任三个方面，该模型强调了组织机构的重要性。

第3章 消费者网络购买有机食品可追溯信息信任影响模型构建

在初始信任模型基础上,麦克奈特(2002)提出了更为详细的网络信任的结构和机理,即影响消费者网络信任的信任因子包括个人创新、网络体验和感知网站质量。个人创新是一种能反映新的想法或技术的自信或乐观的特质,信任的倾向积极影响着个人创新;一般的网络体验与基于机构的信任是正相关的,感知网站质量积极地影响着信任信念和信任的意图,如果消费者认为网站质量高,他们会对网络供应商形成信任的意图。最后,信任将影响消费者网络消费行为,包括,听从网络平台提供的购买建议、提供个人信息及采取购买行为。

当今,可追溯标识在食品包装上的使用已经司空见惯,网络市场中,由于信息的不对称等因素,加大了消费者对购买食品风险感知,很多企业力图增强消费者的信任,打上"有机"的标识,然而,消费者真正信任这些标识吗?标识上哪些信息能影响消费者的信任呢?为此,本书首先根据所述模型,提出了网络购买环境下消费者对食品可追溯标识信息信任构成模型,为验证模型,选择中国经济相对发达的8个城市进行调研,实证分析后得出:网购中,消费者对有机食品可追溯标识信息的信任来自两个方面,一是食品加工过程如生产(加工)原产地、日期和生产(加工)条件等的直接信息,我们把这种信任称为"第一手信息信任";二是朋友、电视、报纸、杂志等媒体以及政府监管、第三方认证和官方网站的信息的信任,我们把这种信任称为"第三方信息信任";进一步研究发现,有机食品的安全与新鲜度、有机食品的支付能力(产品属性)及消费者的自我认知与自我概念影响了其对"第一手信息信任",自我认知与自我概念也影响了"第三方信息信任"。此外,影响"第三方信息信任"的还有消费者的绿色食品购买行为、对网络购买有机食品所得利益的期望,以及对健康的态度,研究结果较好地对模型进行了验证。

本章最后就有机食品可追溯标识的管理与监督和有机食品可追溯标识管理体系的构建两大视角给出了相关建议,认为:首先,政府必须构建有机食品可追溯标识管理法律框架,并建立详尽的实施细则,对不符合法律框架要求的行为可以依法追究刑事责任,取缔其生产销售资格,并给予经济严惩;其次,建立与完善有机食品可追溯标识评估与认证法律体系。可采取由中央政府制定统一的行政法规,由各专业管理部门制定技术法规,行政与技术法规共同执行。为了使监管过程透明化，还可以采用民间第三方机构进行监管，该机构成员可以从消费者中产生，实行多元化监管，通过庞大的互联网，将监督信息予以公示，对不达标的企业和产品，执法部门必须依法进行核查并追查相关企业和个人的刑事和行政责任；最后，应当借鉴欧美等发达国家的做法，建立一个涵盖整个有机食品供应链的，从农田到餐桌，从生产（加工）销售商到地方管理机构，从网下到网上的可追溯标识管理体系，该体系必须在国家法律管理框架下运行，各参与主体必须履行自身的职责和任务。

第4章

基于个体认知的有机食品网络消费信任分析

4.1 引言

麦克奈特的电子商务初始信任模型认为消费者初始信任来源于个体信任倾向、认知过程和组织机构方面的信任三个方面。心理学认为,人的认知过程是指人接受、储存和运用信息的过程,即知觉、注意、记忆、意象、表象、思维、语言等,包括社会认知和自我认知两个部分,社会认知一般是指"人对各种社会刺激的综合加工过程,是人的社会动机系统和社会情感系统形成变化的基础,它包括社会知觉、归因评价和社会态度形成三个主要方面"(解春玲,2005)。所谓自我认知,是指个体通过感觉、知觉、表象、想象、记忆、思维等认知方式,把握客观事物的特征、性质和规律的活动过程(沙莲香,1987)。

社会认知包括的四个层面分别是:第一,对人的认知;第二,人际认知;第三,角色认知;第四,因果认知。其中,因果认知是指:面对社会中繁杂的关系网,对社会事件中所包含的因果关系的知觉(班杜拉等,1986)。

事实上,"个体对外部的理解和认知取决于个体(认知因素、情感因素)和环境因素连续不断的交互作用。个体对社会政策的认知也与这几个因素互动有关,认知影响因素与认知结果之间是存在因果关系的"(班杜拉等1986），即个体的认知过程会受到个体自身的特质（如价值观、情感、态度、意志等）和周围环境（如文化氛围、人际关系、政治环境等）的影响（刘曼曼，2016）。

基于上述对认知理论的描述，在有机食品消费认知过程中，本书将探寻消费者的个体特质、周围环境对消费者有机食品消费信任有怎样的影响？为了更好地分析不同消费环境对认知过程的影响，课题组选择了中美两国消费者进行分析。在本书第三章构建的消费者网络购买有机食品信任模型中，消费者的认知过程影响因子包括：个人统计特征、自我意识、对健康安全关注度、环保意识及网购行为认知。本章拟围绕这5大因子，探讨认知过程对消费者农产品网购消费信任的影响，并通过对中美两国消费者进行实证分析，进一步分析个体特质、制度、教育等消费环境对认知过程的影响。

4.2 实证分析

4.2.1 量表开发及调研

本研究在文献梳理和第3章研究结果的基础上，对国内外相关研究文献做了进一步梳理，设计出表4-1的量表，并根据中美两国国情的不同，为使调研结果能进行比较，对原有问卷进行了部分修改，其中对有机食品信任自我意识变量设计中，分别从"自我认识""自我体验"和"自我调控"三个方面考虑，其中以对使用有机食品的人的评价来折射出"自我认识""自我体验"，以个体对外界刺激的反映来表现"自我调控"，由此设计出了"网络购买有机食品认知与信任调研"问卷（见附录2）。

调研共发出问卷600份，其中中国发放了400份，美国发放了200份，中国回收了350余份，美国回收了160余份，回收率分别为88%和87%，剔除掉无效、漏填等，有效问卷分别为319份和124份。美国的调研以纸质问卷为主，主要在路易斯安那州进行；中国的调研以电子问卷加纸质问卷结合,纸质问卷调研选择在上海、北京、广州、深圳一类消费城市和长沙、南昌、厦门、福州等二、三类消费城市进行。中国调研对象人口特征如表4-2所示。

考虑到经费和时间的限制,利用作者在美国新奥尔良进行为期一年访问学者的机会,作者的美国课题组教授及博士组成了调研小组,通过新奥尔良大学和杜兰大学的MBA和EMBA的学生向其亲友发放纸质问卷进行调研,并对新奥尔良城市和巴吞鲁日城市居民进行访谈并收集数据。被调研人员构成如表4-3所示。

表4-1　　　　　　　　　　变量设计

变量	指标描述	变量	指标描述
环保意识	回收纸、塑料和铝制产品	健康安全关注度	我会关注最新的科学健康信息
	购物的时候使用环保袋		我会定期去做体检
	不使用电灯和电器的时候关闭电源	网购行为认知	我会在支持慈善组织的网店里选购商品
	装修房屋的时候参照环保指南		我更倾向网络购物,因为网上的价格比较便宜
	购买相对较贵的环保清洁产品		我选择网络购物是因为能够节省时间
	使用可再生能源		我会购买有实体店的网店的商品
自我意识(自我认知和自我体验)	购买有机食品的人们通常受教育程度较高	自我意识(自我调控)	我相信电视上和广播里对有机食品好处的宣传
	只有有钱人才买得起有机食品		我相信食品包装袋上面标注安全字样的标签
	如果医生建议我购买有机产品,我会购买		我会仔细地评估科学健康报告的有效性和真实性
	当亲戚朋友们向我推荐了有机产品之后,我会购买它		

表 4-2　　　　　　　　中国调研对象人口统计特征

样本特征	特征项	特征值	比例（%）
性别	男	136	42.6
	女	183	57.4
年龄	18~22岁	147	46.1
	23~25岁	29	9.1
	26~30岁	53	16.6
	31~40岁	49	15.4
	41~50岁	32	10.0
	50岁以上	9	2.8
教育程度	高中	23	7.2
	专科	36	11.3
	本科	219	68.7
	研究生	41	12.9
收入（月收入）	3000元以下	162	50.8
	3000~5000元	65	20.4
	5001~8000元	48	15.0
	8001~10000元	24	7.5
	10000元以上	20	6.3
工作年限	3年以下	182	57.1
	3~5年	27	8.5
	5~10年	35	11.0
	10年以上	75	23.5
合计		319	100.00

表 4-3　　　　　　　　美国调研对象人口统计特征

样本特征	特征项	特征值	比例（%）
性别	男	49	39.5
	女	75	60.5

第4章 基于个体认知的有机食品网络消费信任分析

续表

样本特征	特征项	特征值	比例（%）
年龄	18～22岁	31	25.0
	23～25岁	26	21.0
	26～30岁	22	17.7
	31～40岁	19	15.3
	41～50岁	8	6.5
	50岁以上	18	14.5
教育程度	高中	22	17.7
	专科	18	14.5
	本科	71	57.3
	研究生	13	10.5
收入（年收入）	0～20000美元	17	13.7
	20001～45000美元	31	25.0
	45001～75000美元	37	29.8
	75001～100000美元	20	16.1
	100000美元以上	19	15.3
种族	白人	69	55.6
	黑人/非洲裔的美国人	34	27.4
	西班牙/拉丁美洲	6	4.8
	亚洲	11	8.9
	其他	4	3.2
合计		124	100.0

美国调研对象中，男女百分比为39.5∶60.5，女性略高于男性；年龄组18～30岁、31～50岁及50岁以上，比例为63.7∶15.4∶6.5，以30岁以下为主要调研对象，30～50岁的也占有一定比例，人员年龄结果构成在合理范围之内；在学历的选择上同样以中高学历者为主，本科以上与以下者的比例为：67.8∶32.2，相比中国，本科以下被试参与者更多，学历结构更为均衡；工作经验1～3年与4年以上者，比例为57.1∶42.9，

比较均衡；由于美国收入衡量主要以年收入为主，本研究以年收入进行收入分层，年收入2万美元以下、2万~4.5万美元、4.5万~7.5万美元、7.5万~10万美元、10万美元以上，其比例分别为13.7∶25∶29.8∶16.1∶15.3，收入构成比例较为均衡。由于美国是个多种族国家，参加调研人员种族构成为：白人、黑人/非洲裔、西班牙/拉丁裔、亚洲及其他，其构成比例为55.6∶27.4∶4.8∶8.9∶3.2，基本符合当地总人口构成比例。

4.2.2 认知过程主要影响因子提取

运用SPSS 19，首先对问卷进行信度分析，结果如表4-4所示，适合做研究。

表4-4　　　　　　　　中美问卷信度统计结果

来源	克朗巴哈系数	问题数量
中国数据	0.732	26
美国数据	0.800	26

采用主成分分析（Principal Component Analysis，PCA）分别对"环保意识""自我意识""健康安全关注度"及"网购行为认知"提取主要因子，取得分大于0.7以上的，得到如下结果。

4.2.2.1 "环保意识"因子分析

中美数据KMO分别为0.713和0.864，较适合进行因子分析（如表4-5所示）。

表4-5　　　　　　　　KMO和巴特利特检验

地区	中国	美国
KMO	0.713	0.864

续表

地区		中国	美国
巴特利特检验	Approx. Chi – Square	232.729	290.374
	df	21.000	21.000
	Sig.	0.000	0.000

进一步提取影响"环保意识"的主成分因子为：

（1）中国："装修房屋的时候参照环保指南""购买相对较贵的环保清洁产品""在家里使用节能照明灯""购物的时候使用环保袋"；

（2）美国："装修房屋的时候参照环保指南""购买相对较贵的环保清洁产品""在家里使用节能照明灯""购物的时候使用环保袋""使用可再生能源"。

英格尔哈特（Inglehart，1977，1995）提出，依据人们对生活诉求的先后顺序，把环境意识分为物质主义价值导向和后物质主义价值导向。后物质主义者反对单纯强调经济增长和物质享受的价值观，强调自我实现和全方位的生活质量的提升才是衡量幸福水平更重要的尺度。本书中，由于"装修房屋的时候参照环保指南""购买相对较贵的环保清洁产品"和"购物的时候使用环保袋"这3个因子表现的更多的是对社会环境保护利益的认知，因此将以上因子命名为——社会环保意识；"在家里使用节能照明灯""使用可再生能源"这几个因子主要基于个人物质利益考虑，因此命名为——自我环保意识（如表4-6所示）。

表4-6　　　　　　　　"环保意识"因子分析结果

因子	因子（中国）		因子（美国）
	社会环保意识	自我环保意识	环保意识
回收纸、塑料和铝制产品	0.345	0.382	0.696
在家里使用节能照明灯	0.044	0.811	0.789
购物的时候使用环保袋	0.101	0.718	0.707
不使用电灯和电器的时候关闭电源	0.512	0.257	0.431

续表

因子	因子（中国）		因子（美国）
	社会环保意识	自我环保意识	环保意识
装修房屋的时候参照环保指南	0.723	0.197	0.798
购买相对较贵的环保清洁产品	0.792	-0.127	0.723
使用可再生能源（风力发电、太阳能等）	0.434	0.414	0.783

4.2.2.2 "自我意识"因子分析

表4-7所示中美数据KMO分别为0.713和0.864，较适合进行因子分析。

表4-7　　　　　　　　KMO和巴特利特检验

地区		中国	美国
KMO		0.703	0.745
巴特利特检验	Approx. Chi-Square	272.711	283.337
	df	21.000	21.000
	Sig.	0.000	0.000

对因子分析结果进行重新命名，按照前述变量的定义所述，将"购买有机食品的人们通常受教育程度较高""只有有钱人才买得起有机食品"命名为——自我认知，"我会仔细地评估科学健康报告的有效性和真实性"命名为——自我体验，"我相信电视上和广播里对有机食品好处的宣传""如果医生建议我购买有机产品，我会购买""我相信食品包装袋上面标注安全字样的标签"命名为——自我调控，结果如表4-8所示。

（1）中国：自我认知——"购买有机食品的人们通常受教育程度较高""只有有钱人才买得起有机食品"；

自我体验——"我会仔细地评估科学健康报告的有效性和真实性"

自我调控——"如果医生建议我购买有机产品，我会购买""我相信食品包装袋上面标注安全字样的标签"。

（2）美国：自我认知——"购买有机食品的人们通常受教育程度较高""只有有钱人才买得起有机食品"；

自我调控——"如果医生建议我购买有机产品，我会购买""我相信食品包装袋上面标注安全字样的标签"。

表 4 – 8　　　　　　"自我意识"因子分析结果

因子	因子（中国）			因子（美国）	
	自我调控	自我认知	自我体验	自我调控	自我认知
购买有机食品的人们通常受教育程度较高	0.289	0.772	-0.213	0.104	0.724
只有有钱人才买得起有机食品	-0.128	0.759	0.327	-0.197	0.774
我会仔细地评估科学健康报告的有效性和真实性	0.122	0.047	0.912	0.686	0.022
我相信电视上和广播里对有机食品好处的宣传	0.632	0.323	0.022	0.701	0.189
如果医生建议我购买有机产品，我会购买	0.771	-0.008	-0.101	0.785	-0.145
当亲戚朋友们向我推荐了有机产品之后，我会购买它	0.677	0.050	0.297	0.690	0.156

4.2.2.3　"健康安全关注度"

中国数据中，三个问题均显著，美国数据中，其中两个问题显著，均命名为——健康关注（如表 4 – 9 所示）。

表 4 – 9　　　　　"健康安全关注度"因子分析结果

因子	中国	美国
	健康安全关注度	健康安全关注度
我会关注最新的科学健康信息	0.787	0.638
我常常留意自己的身体健康状况	0.809	0.304
我会定期去做体检	0.841	0.608

4.2.2.4 "网购行为认知"因子分析

中美数据 KMO 分别为 0.670 和 0.620,较适合进行因子分析。

表 4-10　　　　　　　KMO 和巴特利特检验

地区		中国	美国
KMO		0.670	0.620
巴特利特检验	Approx. Chi-Square	94.097	29.763
	df	6.000	6.000
	Sig.	0.000	0.000

因子分析后结果如下（如表 4-11 所示）:

(1) 中国:"我会在支持慈善组织的网店里选购商品";

(2) 美国:"我选择网络购物是因为能够节省时间"。

表 4-11　　　　　"网购行为认知"因子分析结果

因子	中国（因子）	美国（因子）
我会购买有实体店的网店的商品	0.591	0.595
我会在支持慈善组织的网店里选购商品	0.702	0.678
我更倾向网络购物,因为网上的价格比较便宜	0.682	0.528
我选择网络购物是因为能够节省时间	0.646	0.730

4.2.3 认知过程因子对信任影响分析

在提取了认知过程主要因子的基础上,本节采用回归分析法,进一步了解认知过程因子对信任的影响,本书认为"购买有机食品"即为"信任"的行为,因此以"购买有机食品"为独立变量进行信任回归分析,取 sig<0.05 的因子,结果如下。

4.2.3.1 环保意识

分析结果表明,影响消费者网络购买有机食品行为(信任)的"环保意识"因子为(如表4-12、表4-13所示):

(1)中国:"购物的时候使用环保袋""装修房屋的时候参照环保指南";

(2)美国:"购买相对较贵的环保清洁产品"。

表4-12　　　　　　"环保意识"信任回归(中国)

模型		非标准化系数		标准化系数	t	Sig.
		B	Std. Error	Beta		
1	(常量)	-0.309	0.215	—	-1.439	0.151
	在家里使用节能照明灯	0.007	0.045	0.010	0.162	0.871
	购物的时候使用环保袋	0.120	0.031	0.226	3.879	0.000
	装修房屋的时候参照环保指南	0.064	0.027	0.141	2.360	0.019
	购买相对较贵的环保清洁产品	0.036	0.027	0.076	1.300	0.195

a. 独立变量:购买有机食品

表4-13　　　　　　"环保意识"信任回归(美国)

模型		非标准化系数		标准化系数	t	Sig.
		B	Std. Error	Beta		
1	(常量)	1.703	0.349	—	4.876	0.000
	在家里使用节能照明灯	-0.088	0.108	-0.079	-0.816	0.416
	购物的时候使用环保袋	0.131	0.084	0.138	1.558	0.122
	装修房屋的时候参照环保指南	-0.145	0.108	-0.132	-1.338	0.183
	购买相对较贵的环保清洁产品	0.623	0.097	0.586	6.441	0.000
	使用可再生能源(风力发电、太阳能等)	0.148	0.098	0.151	1.515	0.132

a. 独立变量:购买有机食品

4.2.3.2 自我意识

影响消费者网络购买有机食品行为（信任）的"自我意识"因子为（如表 4-14、表 4-15 所示）：

（1）中国："我相信食品包装袋上面标注安全字样的标签""我会仔细地评估科学健康报告的有效性和真实性"；

（2）美国："我相信食品包装袋上面标注安全字样的标签""购买有机食品的人们通常受教育程度较高"。

表 4-14　　　　　　　　"自我意识"信任回归（中国）

模型		非标准化系数 B	非标准化系数 Std. Error	标准化系数 Beta	t	Sig
1	（常量）	0.360	0.154	—	2.336	0.020
	购买有机食品的人们通常受教育程度较高	0.021	0.024	0.053	0.910	0.364
	只有有钱人才买得起有机食品	-0.022	0.024	-0.052	-0.906	0.366
	我相信食品包装袋上面标注安全字样的标签	-0.061	0.032	-0.120	-1.940	0.043
	如果医生建议我购买有机产品，我会购买	0.054	0.032	0.104	1.666	0.097
	我会仔细地评估科学健康报告的有效性和真实性	0.068	0.026	0.150	2.651	0.008

a. 独立变量：购买有机食品

表 4-15　　　　　　　　"自我意识"信任回归（美国）

模型		非标准化系数 B	非标准化系数 Std. Error	标准化系数 Beta	t	Sig
1	（常量）	1.649	0.560	—	2.946	0.004
	购买有机食品的人们通常受教育程度较高	0.280	0.096	0.258	2.907	0.004
	只有有钱人才买得起有机食品	-0.140	0.103	-0.123	-1.362	0.176

续表

模型	非标准化系数		标准化系数	t	Sig
	B	Std. Error	Beta		
1 我相信食品包装袋上面标注安全字样的标签	0.295	0.125	0.216	2.358	0.020
如果医生建议我购买有机产品，我会购买	0.134	0.109	0.113	1.223	0.224

a. 独立变量：购买有机食品

4.2.3.3 健康安全关注度

影响消费者网络购买有机食品行为（信任）的"自我意识"因子为（如表4-16、表4-17所示）：

（1）中国："我常常留意自己的身体健康状况"；

（2）美国："我会关注最新的科学健康信息"。

表 4-16　　　　"健康关注"信任回归（中国）

模型	非标准化系数		标准化系数	t	Sig
	B	Std. Error	Beta		
1 （常量）	2.949	0.293	—	10.056	0.000
我会关注最新的科学健康信息	0.028	0.060	0.030	0.460	0.646
我常常留意自己的身体健康状况	0.180	0.081	0.149	2.211	0.028
我会定期去做体检	0.029	0.055	0.037	0.533	0.595

a. 独立变量：购买有机食品

表 4-17　　　　"健康关注"信任回归（美国）

模型	非标准化系数		标准化系数	t	Sig
	B	Std. Error	Beta		
1 （常量）	2.419	0.404	—	5.993	0.000
我会关注最新的科学健康信息	0.282	0.137	0.240	2.067	0.041
我会定期去做体检	-0.005	0.093	-0.005	-0.056	0.955

a. 独立变量：购买有机食品

4.2.3.4 网购行为认知

影响消费者网络购买有机食品行为（信任）的"网购行为认知"因子为（如表4-18所示）：在中国，网店平台因素会影响消费者网络购买有机食品信任构建，而在美国，消费者并不介意网店平台及其他因素。

表4-18　　　　　　　　"网购行为认知"信任回归

模型		非标准化系数		标准化系数	t	Sig
		B	Std. Error	Beta		
中国	我会在支持慈善组织的网店里选购商品	0.139	0.054	0.144	2.595	0.010
美国	我选择网络购物是因为能够节省时间	0.144	0.097	0.134	1.488	0.139

a. 独立变量：购买有机食品

综合以上分析，可以得出以下结论，即影响消费者网络购买有机食品信任的因素为：

（1）中国："购物的时候使用环保袋""装修房屋的时候参照环保指南""我相信食品包装袋上面标注安全字样的标签""我会仔细地评估科学健康报告的有效性和真实性""我常常留意自己的身体健康状况""我会在支持慈善组织的网店里选购商品"；

（2）美国："购买相对较贵的环保清洁产品""我相信食品包装袋上面标注安全字样的标签""购买有机食品的人们通常受教育程度较高""我会关注最新的科学健康信息"。

4.2.4 人口统计变量对消费者网络购买有机食品信任认知因子影响

为进一步探寻性别、年龄和受教育程度对中美两国消费者在网络购买有机食品行为（信任）有何不同的影响，本书作了如下研究：

4.2.4.1 性别的影响

研究数据表明（如表4-19、表4-20所示）：

（1）在中国，女性的社会环保意识略强于男性；在美国，男女消费者的社会意识对其网络购买有机食品信任影响差异不大。

（2）中国：消费者在网络购买有机食品信任形成中，男女的自我体验因素对其影响基本没有差别，而女性的自我调控因素影响略强于男性，并且女性对网购平台的认知也强于男性；

美国：与中国一样，消费者在网络购买有机食品信任形成中，而女性的自我调控因素影响略强于男性，而男性的自我认知因素的影响则强于女性。与中国不同的是，男性对健康因素的关注强于女性。

表4-19　　　　　　　　性别对信任认知因子影响（中国）

性别		购物的时候使用环保袋	装修房屋的时候参照环保指南	我相信食品包装袋上面标注安全字样的标签	我会仔细地评估科学健康报告的有效性和真实性	我常常留意自己的身体健康状况	我会在支持慈善组织的网店里选购商品
男	中值	4.10	3.73	3.16	3.59	4.1333	3.12
	人数	134	135	135	135	135	135
	标准偏差	0.895	1.066	0.945	0.965	0.73098	1.030
女	中值	4.42	4.10	3.28	3.54	4.2295	3.37
	人数	183	183	183	183	183	183
	标准偏差	0.916	1.054	0.963	1.142	0.83324	0.951
合计	中值	4.29	3.94	3.23	3.56	4.1887	3.26
	人数	317	318	318	318	318	318
	标准偏差	0.919	1.073	0.956	1.069	0.79167	0.992

表 4-20　　　　　　　性别对信任认知因子影响（美国）

性别		购买相对较贵的环保清洁产品	我相信食品包装袋上面标注安全字样的标签	购买有机食品的人们通常受教育程度较高	我会关注最新的科学健康信息
男	中值	2.80	3.51	2.69	2.96
	人数	49	49	49	49
	标准偏差	1.190	1.023	1.278	1.154
女	中值	2.88	3.65	2.41	2.87
	人数	75	75	75	75
	标准偏差	1.433	1.059	1.326	1.256
合计	中值	2.85	3.60	2.52	2.90
	人数	124	124	124	124
	标准偏差	1.338	1.043	1.310	1.213

4.2.4.2　年龄的影响

研究数据表明（如表4-21、表4-22所示）：

（1）中国：随着年龄的增长社会环保意识越来越强；消费者的自我调控意识逐渐增强，到50岁之后开始减弱，期间，23~25岁为最弱；随着年龄增长，消费者的自我体验和健康关注意识都随之增长，到50岁之后略有下降。30~50岁年龄的消费者最关注网店平台因素，其次是18~22岁期间；

（2）美国：18~30岁年龄消费者社会环保意识最强，30岁之后随年龄增长逐渐减弱，18~22岁消费者的自我调控意识最强，23~25岁、41~50岁较弱。随着年龄增长，自我认知意识逐年增强，到40岁之后开始减弱，23~25岁其自我认知意识处于最低谷。随着年龄增长，健康信息的关注影响逐年增强，到50岁之后有所减弱。

表4-21　　　　　　　年龄对信任认知因子影响（中国）

年龄		购物的时候使用环保袋	装修房屋的时候参照环保指南	我相信食品包装袋上面标注安全字样的标签	我会仔细地评估科学健康报告的有效性和真实性	我常常留意自己的身体健康状况	我会在支持慈善组织的网店里选购商品
18~22岁	中值	4.17	3.82	3.24	3.14	3.9660	3.26
	人数	146	147	147	147	147	147
	标准偏差	0.927	1.115	0.953	1.117	0.85540	1.001
23~25岁	中值	4.03	3.69	2.79	3.55	4.1034	3.03
	人数	29	29	29	29	29	29
	标准偏差	1.052	0.967	0.861	0.736	0.67320	0.731
26~30岁	中值	4.28	3.96	3.25	3.94	4.3585	3.19
	人数	53	53	53	53	53	53
	标准偏差	0.968	1.018	0.939	0.949	0.62309	0.982
31~40岁	中值	4.61	4.12	3.35	4.00	4.3469	3.49
	人数	49	49	49	49	49	49
	标准偏差	0.812	1.033	1.052	0.816	0.72316	1.003
41~50岁	中值	4.53	4.22	3.41	4.00	4.6875	3.47
	人数	32	32	32	32	32	32
	标准偏差	0.761	0.941	0.837	1.016	0.64446	1.077
50岁以上	中值	4.11	4.56	3.11	4.00	4.3333	2.56
	人数	9	9	9	9	9	9
	标准偏差	0.928	1.333	1.054	0.866	0.70711	0.882
合计	中值	4.28	3.94	3.23	3.55	4.1850	3.26
	人数	318	319	319	319	319	319
	标准偏差	0.926	1.073	0.955	1.071	0.79323	0.990

表 4-22　　　　　　　年龄对信任认知因子影响（美国）

年龄		购买相对较贵的环保清洁产品	我相信食品包装袋上面标注安全字样的标签	购买有机食品的人们通常受教育程度较高	我会关注最新的科学健康信息
18~22岁	中值	2.68	3.74	2.39	2.84
	人数	31	31	31	31
	标准偏差	1.107	1.094	1.334	1.098
23~25岁	中值	3.12	3.42	2.23	2.92
	人数	26	26	26	26
	标准偏差	1.275	1.137	1.070	1.197
26~30岁	中值	3.18	3.68	2.59	2.77
	人数	22	22	22	22
	标准偏差	1.402	0.839	1.403	1.478
31~40岁	中值	2.74	3.68	2.95	3.26
	人数	19	19	19	19
	标准偏差	1.447	1.003	1.471	1.240
41~50岁	中值	2.62	3.25	2.75	3.00
	人数	8	8	8	8
	标准偏差	1.302	0.463	1.165	1.195
50岁以上	中值	2.56	3.56	2.56	2.72
	人数	18	18	18	18
	标准偏差	1.617	1.294	1.381	1.127
合计	中值	2.85	3.60	2.52	2.90
	人数	124	124	124	124
	标准偏差	1.338	1.043	1.310	1.213

4.2.4.3 受教育程度的影响

研究数据显示（如表4-23、表4-24所示）：

（1）中国：社会环保意识随着受教育程度越高逐年增强，自我调控意识基本与教育程度成正比，受教育程度越高，自我体验意识也越强，而本科低于其他学历层次，其他亦如此；

（2）美国：专科学历的消费者社会环保意识最高，其他学历相差不大，专科学历的消费者自我调控意识也表现最强，其他基本与学历成正比，但专科学历的自我认知意识则最弱，其他基本与学历成正比。健康关注与学历基本成正比，研究生学历略低于其他学历。

表4-23　　　　　　教育程度对信任认知因子影响（中国）

教育程度		购物的时候使用环保袋	装修房屋的时候参照环保指南	我相信食品包装袋上面标注安全字样的标签	我会仔细地评估科学健康报告的有效性和真实性	我常常留意自己的身体健康状况	我会在支持慈善组织的网店里选购商品
高中	中值	3.96	3.96	3.57	3.48	4.0870	3.04
	人数	23	23	23	23	23	23
	标准偏差	1.022	0.878	0.896	0.994	0.79275	1.022
专科	中值	4.19	4.03	3.08	4.00	4.4722	3.31
	人数	36	36	36	36	36	36
	标准偏差	1.009	1.028	1.105	0.894	0.60880	1.064
本科	中值	4.24	3.88	3.20	3.37	4.0822	3.23
	人数	218	219	219	219	219	219
	标准偏差	0.936	1.102	0.925	1.085	0.81982	0.973
研究生	中值	4.73	4.17	3.34	4.22	4.5366	3.54
	人数	41	41	41	41	41	41
	标准偏差	0.549	1.046	0.990	0.791	0.63630	0.977
合计	中值	4.28	3.94	3.23	3.55	4.1850	3.26
	人数	318	319	319	319	319	319
	标准偏差	0.926	1.073	0.955	1.071	0.79323	0.990

表4-24　　　　　教育程度对信任认知因子影响（美国）

教育程度		购买相对较贵的环保清洁产品	我相信食品包装袋上面标注安全字样的标签	购买有机食品的人们通常受教育程度较高	我会关注最新的科学健康信息
高中	中值	2.32	3.32	2.64	2.64
	人数	22	22	22	22
	标准偏差	1.323	1.211	1.329	1.177
专科	中值	3.06	3.89	1.94	2.61
	人数	18	18	18	18
	标准偏差	1.392	1.231	1.305	1.420
本科	中值	2.96	3.56	2.59	3.10
	人数	71	71	71	71
	标准偏差	1.325	0.967	1.305	1.185
研究生	中值	2.85	3.85	2.77	2.69
	人数	13	13	13	13
	标准偏差	1.281	0.801	1.235	1.032
合计	中值	2.85	3.60	2.52	2.90
	人数	124	124	124	124
	标准偏差	1.338	1.043	1.310	1.213

4.3 中美消费者网络购买有机食品信任形成认知过程分析

4.3.1 消费者"环保意识"的影响

总体看来，中美两国消费群体环保意识因子构成中，既有自我环保意识因素也有社会环保意识因素，而在网络购买有机食品信任形成中，只有社会环保意识影响显著。在中国，社会环保意识随着年龄和学历的增长而增强，而在美国，30岁之前随着年龄增长社会环保意识逐渐增强，30~50岁随着年龄的增长社会环保意识反而减弱。美国消费者社会环保意识不受学历影响。

美国的环境治理自20世纪60年代开始全面展开，从制度到产业发展均已经非常成熟。此外，美国政府历来重视环境问题的解决，并在世界上较早倡导通过教育的途径来保护与改善环境。美国是世界上最早进行环境教育的国家之一。美国于1970年制定了世界上第一部《环境教育法》，涵盖了环境教育、技术援助、少量补助、管理等部分内容，其目的是通过资助有关教育机构，加深它们对政策的理解，加强对环境教育活动的支持[1]。可以说，美国早30年前已经完成了环境治理，国民的环保社会意识已经根植于其脑海中和行为中。相比于美国，中国自1978年以来经济一直处于高速发展中，但同时也带来了巨大的环境破坏。20年来，面对环境破坏的境况，中国政府制定了一系列的法律法规用于保护环境，民间的环保组织的作用，共同加大了对公民环保意识的培养。随着中国经济的迅速发展，人们对生态环境的重视经历了从低层次物质需要向更高层次精神需要的转化，2007年"中国公众环保民生指数"显示，受访者学历越低，则越关注与日常生活息息相关的微观环境问题（如垃圾处理等）（本书所指自我环保意识）；受访者学历越高，对环境问题关注的层面越广，越有深度（本书所指社会环保意识），这和本书的研究结果相吻合。此外，由于多年来的环境破坏已经对中国国民的生存造成了非常大的危害，以至于几乎全民的危机意识都非常强。在年龄的影响中，由于中国的网络购物已经呈现全民化趋势，基于收入、社会阅历和家庭责任的考虑，年龄越长的消费者较年轻人更关注环保因素。

4.3.2 "自我意识"的影响

中美两国消费者的自我意识构成中自我认知和自我调控因素均一致，但中国消费者的自我体验因素影响显著，即"我会仔细地评估科学健康报告的有效性和真实性"。这表明，中国消费者对媒体及第三方机构提供信

---

[1] 曹凤中. 美国和加拿大环境保护管理模式的启示[J]. 黑龙江环境通报, 2003 (27).

息的真实性有着较强的求证欲望，而这一点也显著影响了消费者对网络购买有机食品信任形成。近年来，由于经济利益的驱使，中国国内出现了一系列食品信任危机事件，从而引发专家、第三方认证、新闻媒体等信任危机，有关这一点，本书将在第5章、第6章中做进一步的探讨。

与中国不同的是，美国消费者自我意识中自我认知因素，如"购买有机食品的人们通常受教育程度较高"对网络购买有机食品信任形成影响显著。这表明美国消费者认同两点：一是，购买有机食品是绿色环保行为；二是，文化程度越高，绿色环保意识越强。由于网络市场较实体市场具有更多不可见因素，风险更大，信息的一致性和对产品知识的了解度，影响着消费者的信心。文化程度越高的人对有机食品了解越多，能够对信息的真实性进行准确的判断，其消费则更有信心。本书在受教育程度对信任影响的分析中也验证了这点。此外，美国是个教育强国，不论是教育体制还是教育产业的发展居于世界前列，美国人在自我认知中，也充分表现出对教育的尊重和认同，这也带来了美国国民整体素质的提高及国力的强大。

4.3.3 "健康安全关注度"的影响

中美两国消费者中健康因素对其网络购买有机食品信任影响都呈现显著。性别影响中，中国的女性关注略高于男性，而美国则相反；年龄影响中，两国消费者均表现出50岁之前，随着年龄增加，健康关注影响更大，50岁之后则开始减弱；受教育程度的影响则呈现一致，即学历越高，健康关注影响越大。

4.3.4 "网购行为认知"的影响

对中国消费者而言，"我会在支持慈善组织的网店里选购商品"是其对网购行为主要认知因素，且这个因素会影响中国消费者网络购买有机食品信任形成；而对美国消费者来说，"我选择网络购物是因为能够节省时间"是其对网络购买行为的认知，但这并不能影响美国消费者对网络购买有机食品信任的形成。换句话说，美国消费者并不介意网店平台等因素，而中国消费者则基于对网络购买有机食品风险的更多关注,会把对风险的降低期望寄托到网店等因素中,他们会信任那些具有慈善行为的网店,并选择在这种网店进行购买。这种认知行为女性比男性表现更明显、30~50岁群体表现较其他年龄段更明显、学历高的比学历低的更明显。究其原因,企业社会责任不仅会对消费者的企业认同、企业声誉,以及购买意愿产生直接的正向影响,而且还通过企业声誉、企业认同等对消费者购买意愿产生间接影响[①],而且女性比男性更易对实施善因营销(cause-relate marketing,CRM)企业有好感[②]。范琳琳等(2015)在企业捐赠行为与消费者购买意向行为实证分析中发现,21~40岁的消费者比其他年龄段的消费者对企业捐赠行为反应更显著,本科和研究生学历的消费者更关注弱势群体的生存,因此对企业捐赠行为反应也更显著。国内其他学者也进行了相关的研究,得出了类似的结论。显然,在中国,从事网络经营有机食品营销的企业,必须注重企业善因营销,以提升消费者对有机食品的购买信任。

4.4 中美消费者网购行为比较

为进一步了解中美消费者网络购买有机食品行为的差别及网购选择趋势差别,课题组询问了"网购新鲜水果和蔬菜""网购外卖食物及小吃""网购衣物及饰品""网购电子产品及配件""网上预订机票酒店和用车等服务""网购书籍及光碟"问题,统计了两国人网购产品的选择行为,结果如表4-25所示。

调研结果表明:

(1)与美国消费者相比,中国消费者更能接受在网上购买水果和蔬菜这种生鲜品;

---

① 谢佩洪,周祖城.中国背景下CSR与消费者购买意向关系的实证研究[J].南开管理评论,2009(1):64-70.

② Webb, Deborah J; Mohr, Lois A. A typology of consumer responses to cause-related marketing: From skeptics to socially concerned [J]. Journal of Public Policy & Marketing. Chicago: Fall 1998. Vol. 17, Iss. 2, pp. 226-238.

（2）而美国消费者在食品消费中，更倾向在网上叫外卖、小吃等；

（3）在服饰衣物等消费中，中美两国消费者网购的比率均较高；

（4）与中国消费者相比，美国消费者网上订购酒店机票等服务的比率更高；

（5）美国消费者网购电子产品、书籍及光碟的比率要略高于中国消费者；

（6）我们在统计两国消费者"在线购买商品中用于送人的比例"中发现，美国消费者网购商品用于送人的比例高于中国消费者，一直以来，中国人消费中人际消费都占有非常大的比例，相比中国，欧美人似乎不是很在意人际交往。实际上，欧美在诸如圣诞节这样的节日里，都有互赠礼物的习俗，而礼品以书籍、光碟、衣物等为主，因此这个调研结论验证了这点。

最后，也是非常重要的一点，调研中发现，虽然美国消费者网购商品中，水果蔬菜占有的比例较低，但是50%以上选择有机水果和蔬菜的比例却大大高于中国消费者。可见，虽然中国消费者网络购买中水果蔬菜占有比例较高，但更多追求的是物美价廉，而美国消费者对水果蔬菜的网购，则更注重其安全健康。

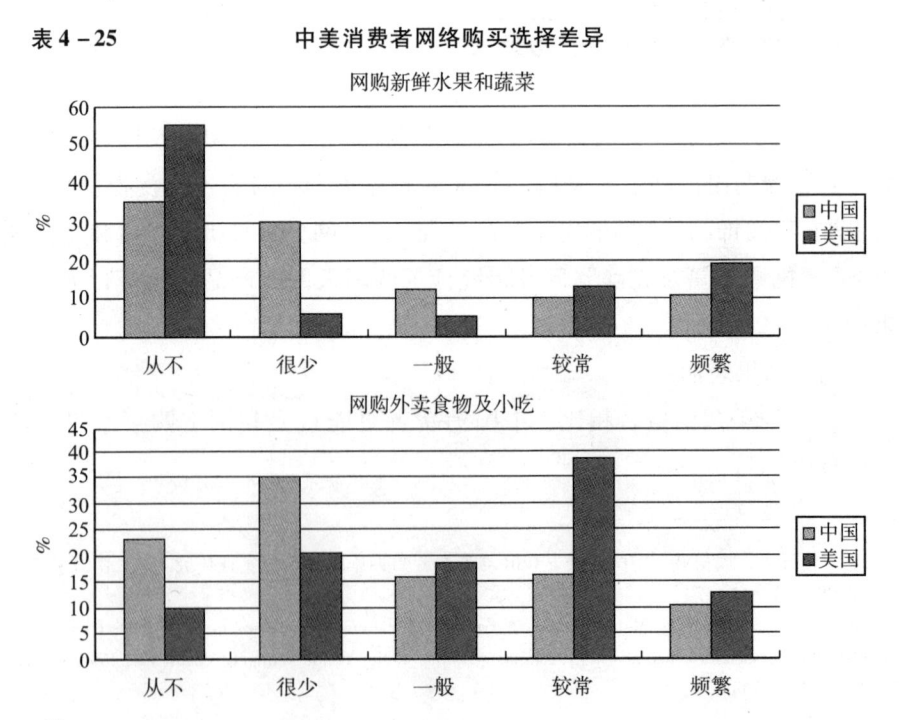

表4–25　　　　　　　　中美消费者网络购买选择差异

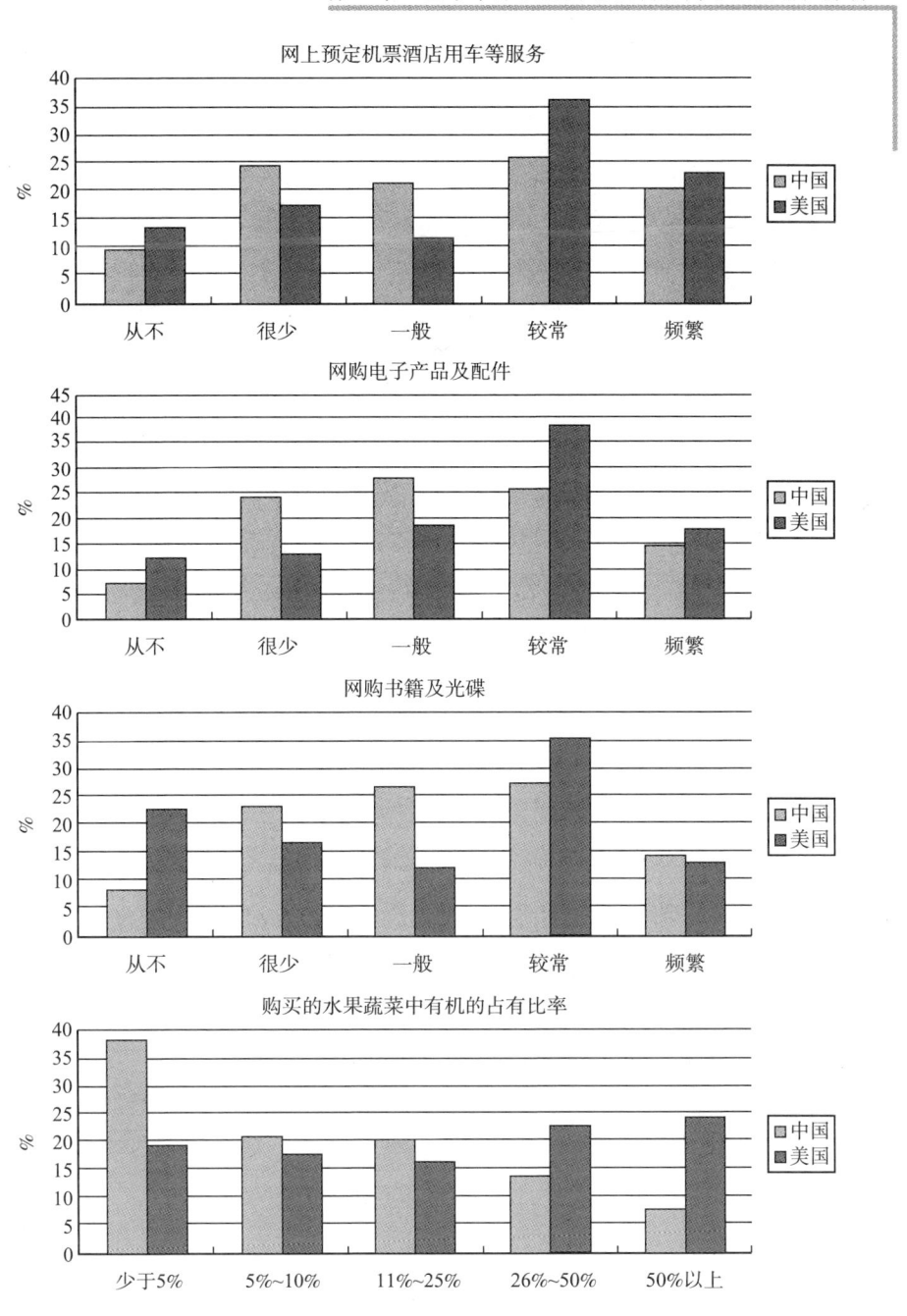

第 4 章　基于个体认知的有机食品网络消费信任分析

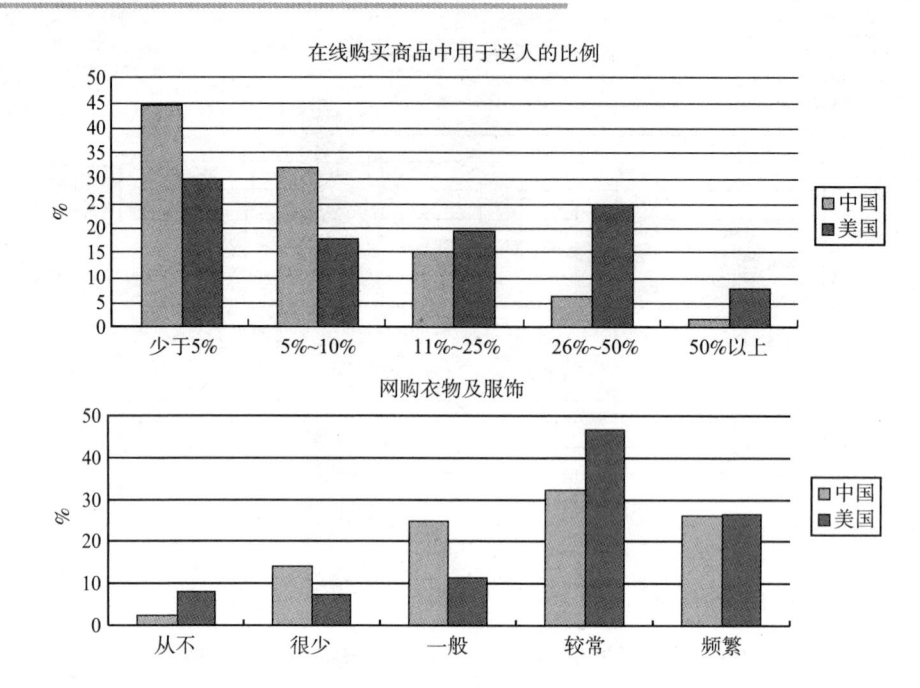

4.5 本章小结

消费者的认知过程影响因子包括：个人统计特征、自我意识、对健康安全关注度、环保意识及网购行为认知。为了有效分析个体认知因素对农产品信任构成影响，本章选择中国和美国消费者为研究对象，首先分别对影响消费者网络购买有机食品的认知过程的"环保意识""自我意识""健康安全关注度"及"网购行为认知"进行主成分分析，继而对认知过程主要因子对网购有机农产品信任进行影响分析，最后就人口统计变量对网购有机农产品信任关系进行了分析。实证分析结果表明。

（1）按照英格尔哈特理论，环境意识可以分为物质主义价值导向和后物质主义价值导向，因此本书将消费者环境认知过程中基于个体物质利益因素的部分定义为"自我环保意识"，而将基于对社会环境保护利益的部分定义为"社会环保意识"。

第4章 基于个体认知的有机食品网络消费信任分析

中美两国消费群体其个体认知过程的自我环保意识和社会环保意识中,社会环保意识对网购有机食品信任影响显著。在中国,社会环保意识与年龄和学历成正比,在美国,社会环保意识的形成受年龄影响,但不受学历影响。

(2) 将消费者认知过程中的自我意识细分为"自我认识""自我体验"和"自我调控"三个部分。其中,以对使用有机食品的人的评价来折射出"自我认知"和"自我体验",以个体对外界刺激的反应来表现其"自我调控"。

在网购有机食品信任形成中,中美两国消费者的自我认知和自我调控因素均一致,但中国消费者的自我体验因素影响显著,这表明中国消费者对媒体及第三方机构提供信息的真实性有着较强的求证欲望;而美国消费者的自我认知因素中,非常认可教育程度的影响,即文化程度越高,绿色环保意识越强,同时也从侧面说明,美国国民对教育的认可。

(3) 由于有机食品的健康因素,因此对健康的认同显著影响中美两国消费者网购有机食品信任的形成。在中国,女性对健康关注较男性更多,美国则恰恰相反。此外,年龄和学历对健康的关注也有一定影响。

(4) 中国的消费者网购时会把风险的降低寄托于网店平台因素,他们会信任那些具体慈善行为的网店,并选择在这种网店购买有机食品,而美国消费者则不介意网店平台的行为。显然,在中国,从事网络经销有机食品的企业,必须注重企业的善因营销,以提升消费者对有机食品的购买信任。

本章的最后对中美消费者的网购行为进行了比较,在网购生鲜食品水果中,中国消费者表现出更多的倾向,而美国消费者在网上订购酒店和机票等服务性消费更高,这可以解释为由于美国的快递服务成本较高,快递周期更长,而生鲜食品水果等的保鲜等的要求,限制了这类产品在网购的市场发展。此外,虽然中国是个礼仪之邦,人情消费比例较高,但基于网购商品送人的倾向比例却低于美国。可见,中国的礼品产业应当借鉴美国的经验,大力发展礼品网络市场。

第 5 章

农产品安全认证体系对消费者购买信心与购买意愿的影响

本书的第3章在实证分析结论基础上提出，建立及加强农产品认证体系是提升消费者购买信心的保证。第4章消费者认知过程对网络购买有机食品信任影响分析中发现，中美两国的消费者的自我意识中，"我相信食品包装袋上面标注安全字样的标签"与信任均影响显著，可见农产品认证标识信息影响消费者购买信任的形成。尤其是近年来，在我国农产品种植与养殖中，存在着比较严重的过度使用农药、食品添加剂等化学物品现象。中科院2018年2月发布了应光国博士课题组有关抗生素污染地图，调查显示，为了供养工业化养殖业，每年有数万吨抗生素经由养殖动物和人的身体，进入水土环境，致使各种病菌严重抗药，其中鸡鸭鱼肉全部涉及，消费者对农产品质量安全水平的信心再次遭受严重挫伤。政府必须从法律法规上给予更严厉的控制和治理，同时要进一步加强和完善农产品质量安全认证体系建设。为此，本章将进一步探究，农产品质量安全认证体系在消费者对农产品的购买信任形成及购买意愿的影响。

5.1 相关概念的界定

5.1.1 农产品质量安全认证体系

在农产品质量安全的研究领域，发达国家较早提出了运用农产品质量安全认证体系和信息可追溯体系来保障农产品的安全。根据《中华人民共和国认证认可条例》第 2 条规定：认证是指由特定认证机构证明服务、管理体系、产品等符合有关技术规范的强制性标准，经严格审核后并予以颁发证书的合格评定活动。目前我国经过质量安全认证的农产品已经形成认证标准严格的无公害、绿色、有机和地理标志农产品（简称"三品一标"）等安全农产品市场格局。

无公害农产品认证体系是综合利用产品认证和产地认证的形式，以确保农产品源头安全的保障体系，是确保农产品安全的最基本手段。农业部将无公害农产品定义为：种植环境、生产加工过程、农产品的质量安全都满足我国无公害农产品认证标准、认证合格并获得认证证书、未经加工或初加工的食用农产品的总称，相比绿色、有机等农产品，无公害农产品的认证标准最为宽松。

5.1.2　农产品信息可追溯体系

农产品可追溯系统是在全球范围内爆发的疯牛病危机、口蹄疫和二噁英污染等食品安全事件背景下，由法国等欧盟国家在国际食品法典委员会（CAC）的生物技术食品政府间特别工作组会议上提出的。CAC 与国际标准化组织将可追溯体系定义为：通过登记识别码来追踪产品的历史、使用或位置的能力。本书中对农产品信息可追溯体系的界定是：指将信息可追溯技术运用在农产品的生产、加工与销售等流通环节中，记录农产品各个流通环节中相关信息，并在发生农产品安全事件后，及时召回问题农产品及明确责任主体保障农产品的安全体系。简言之，农产品信息可追溯体系是利用现代编码技术将生产的各节点信息互联互通，实现从"源头到餐桌"的全程质量管控。

5.2　农产品质量安全认证与可追溯信息认证双重认证体系概念的提出

5.2.1　农产品质量安全认证体系应用现状

农产品认证通常分为产品、服务和管理体系认证、QS 认证、有机食品认证、绿色食品认证（杨恩会，2007）。我国现有农产品认证种类较多，按认证方式分主要有强制性认证和自愿性认证；按认证对象分主要有产品认证和体系认证；按认证区域分主要有全国性认证、行业认证和地方认证。国外发达国家对农产品的质量安全问题关注较早。1960年后期，英国土壤协会制定了世界上第一个有机农业标准体系；1970年初，美国也对有机食品制定了相应的标准（Lohr，1998；Yussefi et al.，2003）。美国从19世纪初就对农产品进行了质量安全认证，截至目前已经形成了基于本国国情的、品种多样化的、认证标准统一的、自愿与强制认证相结合、多元化的农产品质量安全认证体系。

基于中国国情，我国也引进了发达国家对农产品质量安全认证的技术和理念。20世纪90年代初，我国农业部开始实施绿色农产品认证，以保护农业环境及增进消费者健康。20世纪90年代后期，我国引入有机农产品认证，以满足国内外高端人群消费；2001年，中国农业部第一次提出并实施"无公害食品行动计划"，以发展优质、高效、高产、生态的安全农业；2003年4月，为解决中国农产品质量安全问题，农业部在全国范围内开展了统一标志的无公害农产品认证工作。2006年11月1日，《农产品质量安全法》正式在我国实施。2014年，农业部提出我国拟用3年的时间，全面建成与国际接轨的农产品质量安全认证体系，稳健发展无公害、绿色、有机等安全农产品，着重打造优质、安全的农产品品牌，加强农产品质量安全检测和标志使用监管，充分发挥安全农产品在产地检测、流通管控等方面的示范带头作用，用安全农产品品牌引领消费者绿色消费，以增强消费者信心。

我国农产品认证经过十多年的发展现已形成了以产品认证为主、体系认证为辅的发展格局。在产品认证方面，主要开展了无公害农产品认证、绿色食品认证和有机食品认证；在体系认证方面，主要开展了危害分析与关键点控制（HACCP）认证、投入品良好生产规范（GMP）认证和良好农业生产规范（GAP）认证。此外，农业部还开展了包括农机产品质量认证以及种子认证试点为主的投入品认证工作（罗斌，2006年）。为推进食品质量安全市场准入制度，国家质检总局颁布和强制执行了QS标准的绿色健康食品制度，对实施生产许可证制度的产品实行市场准入 QS－标志制度（徐柏园，2006 年）。

在国内外的农产品市场中，质量安全认证能够有效提高农产品的质量与安全水平已经得到了充分的验证。农产品安全认证是在信息不对称下减少农产品供应过程中不易观察的质量安全隐患（Gabriele et al.，2005），不仅能够确保高质量农产品的产出，也是减轻政府额外监管成本的政策工具（Caswell et al.，1996）。此外，质量安全认证也是一种制度安排，其包括两个关键内容，一是监督农产品生产主体，以保证安全农产品的产出，二是基于安全农产品标识，以保障消费者的选择权（韩沛新，2004）。

更为重要的是，农产品安全认证标识能够为消费者传递农产品的质量安全信息，从而增强消费者信心，提高消费者对农产品的支付意愿（王志刚等，2013），而且对其溢价支付的意愿比较高（章迎迎，2015）。

5.2.2 农产品信息可追溯体系应用现状

自 1990 年以来，欧盟、美国等发达国家就实施了农产品信息可追溯体系，并逐渐将其上升到立法高度（Sodano et al.，2003）。2008 年年底，日本开始对大米建立信息可追溯体系，以记录大米的产地与加工配料信息。建立农产品信息可追溯体系不仅有利于促使生产者从事标准化生产，还便于消费者查询信息和维护自身消费利益，而且有利于增强监管部门对问题农产品的及时发现和处置能力。从 2015 年 10 月 1 日起实施新修订的《食品安全法》内容来看，国家鼓励并支持农产品生产经营主体建立农产品信息可追溯体系，以保证农产品信息可追溯、责任可追踪，提高消费者舌尖上的安全水平。

我国农产品信息可追溯体系建设仍然处于起步与探索阶段。为了加强从"农田到餐桌"农产品质量与安全的管理，我国政府也制定了相应的政策。2013 年，中共中央国务院发布《关于加快发展现代农业进一步增强农村发展活力的若干建议》，提出加强综合协调联动机制，明确从源头到餐桌的农产品供应链主体责任，健全农产品信息可追溯体系，确保消费者舌尖上的安全。目前，我国已经开展了肉类、果蔬和大米可追溯体系试点的建设工作，使得农产品信息可追溯体系的建设取得了长足的发展。

5.2.3 农产品质量双重安全认证体系的提出

由于单一的农产品可追溯体系或者农产品质量安全认证体系在提高消费者对生产主体的信任和降低信息不对称感知方面都存在不完全性，这种局限性会通过增加消费者对农产品信息的不确定性，进而影响消费者信任与购买意愿。因此，本书基于单一农产品质量安全保障体系的特点，提出农产品质量安全认证体系和农产品信息可追溯体系—"双重安全体系"的概念。

5.2.3.1 双重安全认证体系概念提出的必要性和可操作性分析

农产品质量安全认证与信息可追溯双重体系的理解可以从以下两个方面进行。

其一，作用方式上。这两种体系相互补充、各具特点、协同合作对安全农产品市场的健康运行进行"双重控制"，以保障农产品安全与消费者的知情权。

其二，运行效率上。双重安全体系的融合作用使得消费者在购买安全农产品时获取信息准确高效，确保农产品的源头安全，在发生农产品事件时追究责任主体及时明确，减少消费者获取信息的搜索成本与监管部门的监督成本。

双重安全体系是减少信息不对称、提高消费者信任水平和解决农产品安全问题最有效、也是最根本的手段。但在现实生活中，要有效地实施双重安全体系，必须首先科学的认识建立农产品质量安全认证和信息可追溯双重体系的必要性和现实可操作性。

（1）建立双重安全体系的必要性研究。建立健全质量安全认证与信息可追溯双重安全体系是基于国际国内两个大环境下的重要决策。首先，将双重安全体系应用于提高农产品质量安全水平的决定是基于国际市场格局提出的。双重安全体系可以为消费者提供更加详尽的农产品信息，在农产品发展路径中，强制性应用双重安全体系是未来发展的必然结果，它是推动农业现代化发展的中坚力量。世界各国为了提高区域农产品品牌优势和提高消费者对农产品的信心，相继实施了农产品质量安全认证体系和信息可追溯体系。为顺应我国经济融入世界经济的趋势，农产品作为我国参与世界贸易重要的载体之一，应该加快农产品双重安全体系试点建设进程，这不仅可以体现我国践行绿色生产和消费的世界观，而且有利于加快我国农产品质量安全认证标准与国际认证标准接轨步伐，打破发达国家对我国农产品的贸易壁垒，进而提高我国农产品在国际竞争市场上的竞争力。

基于我国现阶段的发展水平，提出有阶段的、有层次的将双重安全体系纳入农产品供应链中，是人民生活质量提高的重要表现，也是践行绿色生产和绿色消费的重要举措，更能较好地贯彻落实"互联网＋"行动计划。首先，随着人民生活质量的普遍提高，消费者对农产品的质量安全有着更高的诉求。安全农产品是由政府主导的优质农产品品牌，是当前乃至今后很长一个时期农产品生产与消费的主导农产品。消费者对安全农产品的诉求不仅表现在标识的认证上，也体现在对安全农产品的信息共享上。双重安全体系满足了生产可记录、信息可查询、流向可跟踪、质量可追溯的总体要求，实现了农产品从种植、加工、物流和销售等全程信息的可视化，实现了各主体与消费者之间的信息共享、信息传递功能。基于频发的农产品安全事件，双重安全体系的实施最大限度的重拾了消费者对农产品的信心。其次，现代农业提高了劳动生产率、丰富了农产品种类，但同时也导致了农业附加料用量上升、土壤重金属超标等生态危机。面对以上问题，完善农产品安全保障体系是我国必然的选择。双重安全体系旨在充分利用现有资源，尊重农业发展规律，运用现代管理方法和现代技术手段，保障安全农产品的有效产出。最后，随着"互联网＋"行动和大数据战略的陆续实施，物联网技术已成为农业现代化的重要支撑，双重安全体系的应用范围也是一国综合国力水平的重要体现。因此，基于国际国内两大环境推动下，本书认为建立并推广双重安全体系势在必行。

（2）实施双重安全体系的可操作性分析。农产品信息可追溯体系和质量安全认证体系是不同时期背景下，我国为保障农产品质量安全，提高消费者对农产品安全信心，而提出的最有效手段。但是单一的农产品质量安全认证体系或农产品信息可追溯体系在保障农产品安全方面都存在不完全性，有必要建立并完善双重安全体系以最大限度保障农产品的安全。单一的农产品信息可追溯体系强调对农产品供应主体和农产品信息的全程监控，主要集中在对农产品的责任追溯和召回上，主要作用是降低消费者对农产品信息的不对称感知，提高农产品信息的透明度。在发生农产品安全突发事件时，相关部门运用信息可追溯体系可以快速追踪问题农产品的溯源，及时主动召回问题农产品，减少农产品生产农户、加工企业的损失，重建消费者对农产品安全的信心。但是需要注意的是，信息可追溯体系在农产品质量安全监管中具有重要的价值，但也应注意其局限性，农产品信息可追溯体系在农产品安全风险控制和管理尚存不足，从而可能导致消费者食用问题农产品，虽然可以通过信息可追溯体系追踪责任主体，但是消费者受损的健康却是无法完全弥补的。单一的农产品质量安全认证体系则强调对农产品生产基地的现场检查、对加工成分的检测及对农产品质量安全水平的测评。但其也有不足之处，农产品质量安全认证体系并未向消费者提供农产品从生产、加工到流通过程的相关信息，消费者不能通过现代信息技术自助查询农产品的质量安全信息，也没有根本解决消费者对农产品信息不对称的问题。而农产品质量安全认证和信息可追溯双重体系在保障农产品安全的作用方式和监管效率上，可以实现双重安全体系的有效融合；在提高农产品质量安全水平上和信息对称上，可以形成相互填补、各具特质、协同合作的发展格局。

综上所述，从目标关联维度的角度来看，农产品质量安全认证体系和信息可追溯体系这两种体系的"双重控制"能够保持产品流和信息流同时运行的最佳状态（崔彬，2013）。从消费者视角来看，双重安全体系的融合不仅可以向消费者提供农产品从种植、加工到流通等全程信息，也可以通过安全认证降低消费者的风险感知，最终对消费者信任和购买意愿产生积极影响。

5.2.3.2 双重安全体系网络结构

理论上，双重安全体系协同治理农产品安全需要突破单一体系之间的局限性，将双重安全体系纳入治理农产品质量安全问题系统，实现资源的

第5章 农产品安全认证体系对消费者购买信心与购买意愿的影响

有效配置和主体间的协调合作。我国学者于丽英等（2014）将协同网络运用于治理城市群公共危机治理中，并围绕危机治理主体构建了一个权力共享、相互合作的网络结构图。本书基于农产品信息可追溯体系和质量安全认证体系的概念和特点，认为双重安全体系协同治理农产品质量安全问题是以农产品信息可追溯与质量安全认证为核心，以政府部门、种植农户、生产加工企业、其他机构和消费者为主体的动态网络协作过程。基于此，构建了双重安全体系协同治理农产品安全问题的网络结构图（如图5-1所示）。

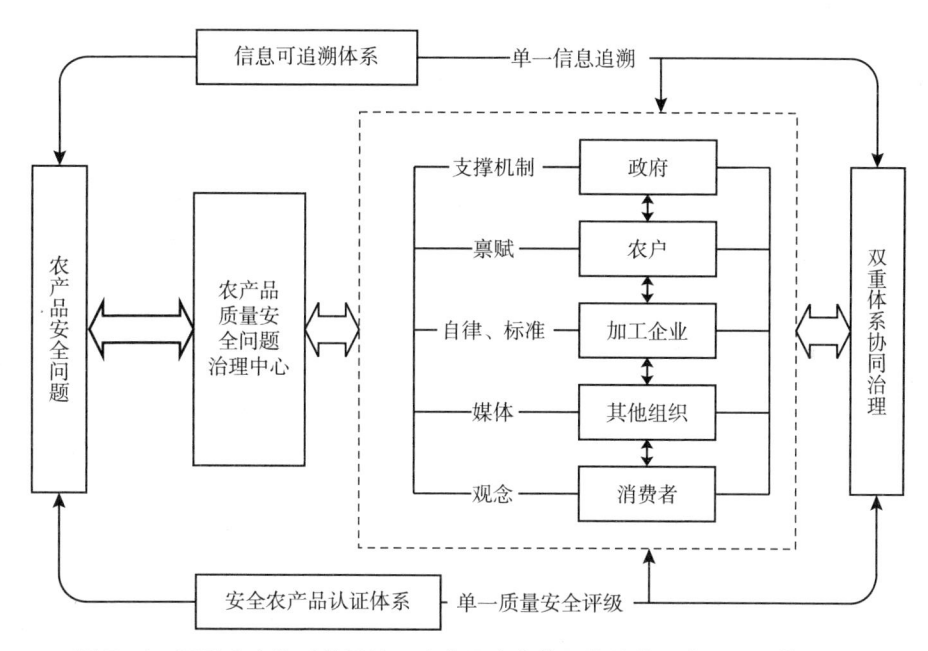

图5-1 双重安全体系协同治理农产品安全的网络结构（参照文献①提出）

双重安全体系协同网络结构是在治理农产品质量安全范围内整合各主体拥有的资源来构建的，主要包括：政府提供的软硬件支撑机制，政府主要发挥引导作用，为建立双重安全体系提供关键的知识、技术与资金支

---

① 于丽英，蒋宗彩. 城市群公共危机协同治理机制研究［J］. 系统科学学报，2014，22（4）：53-56.

撑；提高种植农户、生产加工企业及流通企业的禀赋和行业自律，从源头把控质量关，保证农产品安全产出，提升消费者对责任主体的信心；协同网络还需强调绿色消费观念对建立健全双重安全体系的重要作用；媒体和其他中介组织也担任了构建双重安全体系的协同网络的重要角色，要突出网络媒体对突发农产品质量安全事件舆论的正确引导作用。

5.3 单一及双重安全体系的相关研究

5.3.1 双重安全体系下消费者信任的影响因素研究

社会健康运转离不开信任的作用，信任能够协调社会成员间的合作关系、降低管理成本、提高社会运行效率，信任不仅对维持社会稳定具有重要意义，也是促进经济发展的基本要素。在任何时期及任何领域的系统中，信任都一直存在，因为如果没有信任，在有风险的情况下这个系统就不能正常运转（胡凌月，2014）。耶尔等（Yee et al., 2005）认为在农产品的消费市场中，由于消费者识别和判断农产品安全风险的能力有限，消费者对农产品安全的风险感知实质上就是信任缺失问题。郑也夫等（2003）认为信任的基本结构包括信任的主体、对象及获得的信息等主要内容。在人际交往的信任结构中，施信者是主体，被信任者是对象，在这一结构中，主体拥有受信方的信息是隐性条件，施信主体据此信任或不信任受信方。因此，当研究消费者对双重安全体系下的农产品信任时，施信主体就是消费者，信任对象就是保证可追溯安全农产品顺利产出的各个主体，信息即是消费者对可追溯安全农产品的认知与经验，也是消费者据此信任或不信任可追溯安全农产品的判断依据。本书认为，参与双重安全体系的主体一致，都涉及种植农户、加工企业及政府监管等多个主体，消费者对可追溯安全农产品的信任就是消费者对可追溯安全农产品的期望，是消费者对农户科学种植、企业安全加工及政府履行职责的主观评价，其实质是消费者对供应链主体生产、加工可追溯安全农产品的信任与对政府出台的政策及制度的信任,相信各主体能够保障消费者利益的一种心理预期。

从以上理论分析中发现,国内外学者主要集中对单一安全体系的特点和单一安全体系下消费者信任展开相关研究,而对双重安全体系下消费者信任的影响因素研究却很少。综合学者对单一属性农产品信任的相关研究,本书认为,消费者对双重安全体系总体信任的影响因素包括两个方面,即消费者的个体特征、消费者的信任倾向及消费对双重安全体系的认知等内部因素和消费者对生产农户、加工企业及政府职能信任的外部因素。

5.3.2 双重安全体系下消费者信任对购买意愿影响的研究

我国农产品质量安全认证与信息可追溯双重安全体系的应用尚处于探索阶段,所以关于双重安全体系协同保障农产品安全的作用及双重安全体系下消费者相关行为的研究也较少。陈长喜等(2011)认为建立农产品信息可追溯和质量安全认证双重体系的当务之急首先是为消费者提供多样化的信息查询平台,以保障消费者的知情权;其次应该在全国范围内建立并推广统一的农产品认证、产地检测、市场准入标准,以提高政府的监管效率,减少管理农产品市场的成本。杨玲等(2011)认为我国已经具备了实施无公害农产品信息可追溯体系的基础条件,认为我国已经具备比较完善的法律与技术水平、认证主体具备可追溯技术标准和无公害农产品标识具备信息可追溯条件。陈雨生等(2015)认为农产品信息可追溯体系和质量安全认证体系的耦合作用可以保证农产品相关信息在责任主体间的有效传递,进而发挥双重安全体系对农产品质量安全监管的最大效果。王怀明等(2011)则探讨了多种质量安全标识下的消费者支付意愿,提出了信息可追溯标识能够提高消费者对质量安全认证的信任,进而提高消费者的支付意愿。崔彬(2013)探讨了质量安全认证和信息可追溯双重叠加属性对农产品安全感知和支付意愿的影响,分析结果表明:与单一安全属性相比,消费者对属性叠加后的信任程度显著提高,并且消费者对农产品的购买和支付意愿也显著提高了。

综上所述,学者关于安全农产品或可追溯农产品的信任和购买意愿具有较深入的研究,并且开始关注消费者信任对单一安全属性农产品购买意愿的影响研究,但是基于双重安全体系,在探索双重安全体系下消费者信任的影响因素和消费者信任对可追溯安全农产品购买意愿影响的研究却不多。已有研究结果如表5-1所示。

表5-1　　　　　　　　文献简要评述和本书的研究空间

	研究视角	研究对象	研究内容	主要代表
已有研究	政府监管视角	单一的农产品质量安全认证体系或农产品信息可追溯体系	主要集中研究政府如何改善宏观政策环境以保障单一农产品安全体系的顺利实施	琼奥斯(Choices, 2003);费亚利(2012);李传勇等(2014)等
	市场主体视角或信任视角	安全农产品或可追溯农产品(猪肉、果蔬等)	(1)集中于消费者对单一属性农产品的信任态度和购买、支付意愿研究;(2)集中于农户、加工企业、销售企业等主体对单一体系的参与意愿研究	梅耶等(Mayer et al., 1995);耶尔等(Yee et al., 2005);文晓巍(2012);刘增金等(2013);尹世久等(2013);陈雨生等(2015)等
	技术应用视角	RFID射频技术、GPS、GIS及QS认证标准和化学、物理等检测技术	主要集中对检测手段、技术研发等方面的研究	加布里尔等(Gabriele et al., 2005);刘鹏(2009);姚佳等(2014)等
本书的研究空间	基于双重安全体系的信任视角	可追溯安全农产品,以无公害大米为例	(1)双重安全体系概念的提出;(2)双重安全体系下消费者信任与购买意愿理论模型的构建;(3)消费者对双重安全体系总体信任的影响因素研究;(4)双重安全体系总体信任对购买意愿的影响研究	

5.4 双重安全体系下消费者信任与购买意愿的理论模型与研究假设

尹世久等(2013)构建了消费者对安全农产品的信任模型,认为影

第5章 农产品安全认证体系对消费者购买信心与购买意愿的影响

响消费者对安全农产品信任的主要因素包括：消费者个体社会特征、消费者对质量安全认证的认知、对安全农产品的消费动机及政府监管的制度因素等。通过以上理论分析，本书认为双重安全体系下的消费者信任，归根到底是消费者对双重安全体系的认知及消费者对农产品种植、加工、监管主体信任的综合评价。因此，本书构建的双重安全体系下消费者信任与购买意愿的理论模型包括两个组成部分：其一是以消费者对双重安全体系总体信任的影响因素分析为主要研究内容的理论模型部分，主要包括消费者人口统计特征、消费者信任倾向和消费者对双重安全体系的认知等内部因素和消费者对种植农户的信任、加工企业的信任和政府职能的信任等外部因素；其二是以分析消费者对双重安全体系总体信任与消费者对可追溯安全农产品购买意愿之间相关关系为研究内容的理论模型部分。基于以上理论分析和尹世久等的信任模型，本书构建并修正出双重安全体系下消费者信任与购买意愿的理论模型，如图5-2所示。

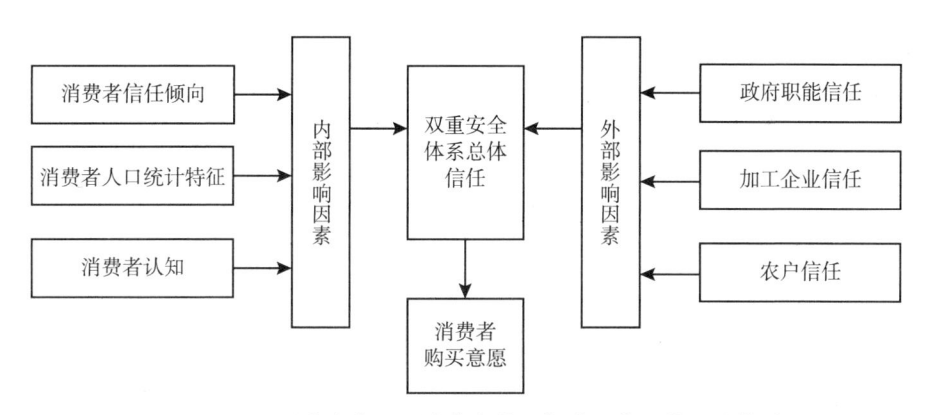

图5-2 双重安全体系下消费者信任与购买意愿的理论模型

5.4.1 双重安全体系下消费者信任与购买意愿的研究假说

5.4.1.1 消费者人口统计特征对双重安全体系总体信任的影响假设

本书在以往的文献基础上，选取性别、年龄、受教育程度、收入、家庭结构来测量消费者人口统计变量。并认为消费者的性别、年龄、受教育程度、收入与家庭结构不同，会影响消费者对双重安全体系的信任，进而消费者购买可追溯无公害农产品的意愿也会有差异。

贝尔赫等（Berg et al.，2005）认为消费者的人口统计变量包括年龄、性别、受教育程度和个人信任倾向态度。斯托贝拉（Stobbelar et al.，2007）认为性别会影响消费者的信任，比起男性而言，女性更加关注家人及自身的健康状况，所以女性对有机食品有更加信任的态度并且更愿意购买它。阿宾德拉等（Arbindra et al.，2005）提出年龄会影响消费者对安全农产品的信任，而且较年龄大的消费者，年龄小的消费者更愿意购买安全农产品。德特蒙纳等（Dettmann et al.，2008）调查发现消费者的受教育水平对有机果蔬的态度与购买意愿具有显著性影响。威尔等（Wier et al.，2008）研究表明家中有未成年小孩也会影响消费者对有机农产品的购买意愿，并且家中小孩的年龄越小，购买有机食品的次数也越多。根据凯恩斯的绝对收入理论，消费者的收入越高，支出也越多。哈密尔顿（Hamilon，1985）认为低收入消费者更关心潜在风险，因此对事物信任度比较低。米契尔里都等（Michaelidou et al.，2008）也证明了消费者的收入水平与有机农产品购买意愿有正相关关系。

卢菲菲等（2010）表示公众对相关主体的信任不仅受到传统文化、经济等因素的影响，还受到公众受教育程度、公众对相关知识的认知程度、公众的信仰、性格、收入等个体特征的影响。王志刚（2010）提出消费者性别、年龄、收入、受教育程度、居住环境、对食品安全的关心程度、是否吸烟等对绿色农产品的购买意愿具有重要影响，其中消费者学历、居住环境与对绿色农产品的购买意愿呈正相关关系。付亭亭等（2015）认为消费者的性别、学历、年龄和收入水平会影响消费者对大米信息可追溯体系的态度。基于以上描述，提出以下假设：

H1：消费者人口统计变量对双重安全体系总体信任有显著影响；

H1a：性别对双重安全体系总体信任有正向影响；

H1b：年龄对双重安全体系总体信任有正向影响；

H1c：受教育程度对双重安全体系总体信任有正向影响；

H1d：收入对双重安全体系总体信任有正向影响；

H1e：家中有未成年人对双重安全体系总体信任有正向影响。

为了验证以上假设，在问卷的第五部分，本书设置了5个问题与之对应（见附录3）。

5.4.1.2 消费者认知对双重安全体系总体信任的影响假设

目前，我国双重安全体系的实施进度较慢，消费者对可追溯农产品和安全农产品的认知程度比较低。何乐琴（2007）研究发现消费者对无公害农产品、绿色农产品及有机农产品的认知水平不同，消费者最了解绿色农产品，其次是无公害农产品，最后是有机农产品。耶尔等（2005）提出消费者对农产品安全的风险认知，本质是消费者对农产品的信任问题。麦金托什等（Mclntosh et al.，1994）指出，消费者认知与消费者以往的购买经历和对农产品安全的关心程度密切相关，如果消费者曾经遭遇农产品安全事件，那么这将会影响他下一次的农产品选择。刘增金等（2013）认为消费者对可追溯牛肉的认知水平对农产品信息可追溯体系的推广非常重要，但是研究发现消费者对可追溯牛肉的认知程度不高，导致消费者对可追溯牛肉的信任水平较低。故提出以下假设：

H2：消费者认知对双重安全体系的总体信任具有正向影响。

本书借鉴并修改了徐玲玲等（2011）、姚洁（2013）等的问卷设计，以大米为例，在问卷的第一部分设置了14个问题与消费者对双重安全体系的认知变量对应（见附录3）。

5.4.1.3 消费者信任倾向对双重安全体系总体信任的影响假设

基于本书第3章中描述的梅耶（1995）信任理论，信任倾向的含义包含两个层次：其一是指个人的信任倾向，其二是指受信人具备值得信赖的某些特质的特殊信任。且个人信任倾向对消费者对食品安全的信任具有正相关关系（胡凌月，2014）。人格论也提出一部分人比其他人更容易产生信任，学者们将其称为个人信任倾向，并且认为个人信任倾向是不受时间和外界环境影响，趋于稳定的一种信任状态。基于上述描述，提出以下假设：

H3：消费者信任倾向对双重安全体系总体信任具有显著性影响。

本书基于胡凌月（2014）的假设，并对其修改，在问卷的第二部分设置了3个问题与消费者信任倾向变量对应（见附录3）。

5.4.1.4 农户信任对双重安全体系总体信任的影响假设

保障农产品的质量与安全，激励农户参与双重安全体系是实施双重安全体系的重要环节，提高源头环节农产品的安全水平是确保消费者餐桌安全的关键。彭建仿等（2011）认为源头管理是确保安全农产品产出之根本，而行政、法律、经济等外部监管是第二位的，农户的自律安全生产才是第一位的。扑拉波德（Prabodh，2011）提出农户对安全农产品的供给态度、农户禀赋与政策支持等是影响农户生产安全农产品意愿的主要因素。周应恒等（2010）基于以往学者的研究，引入交易费用变量，他认为交易费用是影响农户选择农产品质量安全标准的重要变量。张利国（2010）表示，农户是安全农产品的生产主体，农户的道德观念与技术水平等直接影响了农产品的质量安全水平。

经济新常态下，我国传统分散、小规模种植农产品的生产方式发生了转变。刘兵（2013）基于我国农产品供应链发展模式现状，认为"农社合作""农超对接""农商对接"及"农户+龙头企业"等多样化、规模化的供应链主体交易模式，既兼顾种植农户的利益，又可以确保农产品源头安全。农户参与双重安全保障体系，会增加其生产农产品的成本，进而降低农户参与双重安全体系的意愿。但是从长远来看，梅尔坦斯等（Maertens et al.，2011）认为建立农产品安全体系，能够刺激农产品的消费和出口，促进区域经济增长；并且参与体系的农户，可以提高其农产品种植技术，降低生产与市场风险，最终提高农户收益。陈雨生等（2015）实证分析了农产品信息可追溯和质量安全认证双重体系融合后种植农户的意愿，他认为农户下游主体和政府部门对其监管程度、消费者对双重体系重要性评价及其他主体的参与意愿是影响种植农户传递真实农产品信息的主要影响因素。

基于此，本书认为消费者作为双重安全体系的受益终端，信息可追溯与质量安全认证双重体系在农户环节的实施效果如何，在很大程度取决于消费者对农户安全生产的信任。基于上述描述，提出以下假设：

H4：农户信任对双重安全体系总体信任具有正向影响。

5.4.1.5 加工企业信任对双重安全体系总体信任的影响假设

在大多数农产品消费中,加工企业是种植农户与消费者交易的连接桥梁,加工企业的社会责任意识和加工技术也会直接影响农产品的质量安全水平。加工企业是实施双重安全体系重要的一环,消费者对加工企业的信任也会影响其参与双重安全体系的意愿和安全农产品的生产行为。契尔瑟斯(Choices,2003)基于美国国情,研究发现美国企业参与信息可追溯体系的主要目的是增强社会责任、降低风险、提高管理效率等,因此消费者相信可追溯农产品在加工过程中的质量安全水平,这也进一步促进了更多的加工企业参与农产品信息可追溯体系。霍布斯等(Hobbs et al.,2003)认为在农产品安全事件发生后,英国加工企业为恢复消费者对农产品安全的信任,而自愿参与农产品信息可追溯体系,加工企业认为这样既可以提高农产品的安全水平,又能够影响加工企业的社会知名度。吴林海等(2014)以山东省果蔬加工企业为例,研究发现:消费者对加工企业生产行为的信任程度、政府对农产品实施质量安全认证的支持力度会显著影响消费者对农产品质量安全认证体系的信任水平。基于上述描述,提出以下假设:

H5:加工企业信任对双重安全体系总体信任具有正向影响。

5.4.1.6 政府职能信任对双重安全体系总体信任的影响假设

安全农产品不仅是"产"出来的,更是"管"出来的。安全农产品既是农户和加工企业生产出来的,又是在政府设定安全标准下,监督农户与加工企业安全生产的控制结果。政府是确保农产品质量安全的核心监管机构,政府职能的履行效果必然会影响消费者对双重安全体系的总体信任。

一般认为生产农户与流通企业是负责农产品安全的生产主体,政府是农产品安全的监管主体。胡凌月(2014)认为政府信任是在消费者与政府交往过程中产生的,是对政府职能履行效果的主观认知,是对当前政府执行保障消费者权益政策的信任评价。杨(Jonge,2008)提出政府的信息开放度、政府人员能力等会影响消费者对政府的信任程度。戈兰(Golan，2004）认为政府应该强制实施农产品信息可追溯体系，以有效解决信息不对称下安全农产品供给不足的问题，并严格执行不合格农产品召回制度及加大对责任主体的惩罚力度，确保市场上农产品的安全。斯塔巴迪（Starbird，2008）也认为政府应该建立农产品信息可追溯体系，以降低生产主体的道德风险。

我国政府通过制定和完善法律法规，力求全力保障消费者的农产品安全。2002年通过的《无公害农产品管理办法》旨在维护消费者权益，提高农产品的质量安全。2015年习近平同志提出的：保障消费者"舌尖上的安全"，势必需要"最严谨的标准、最严格的监管、最严厉的处罚、最严肃的问责"态度，坚决治理餐桌上的污染。以上理念都凸显了政府对维护消费者"餐桌安全"的决心与恒心，使得消费者对政府职能的信任维持较高水平。政府作为农产品质量安全的监管部门，政府对保障农产品安全的决心和作为对实施双重安全体系的进程具有重要的推动作用。基于上述描述，提出以下假设：

H6：政府职能信任对双重安全体系总体信任具有正向影响。

5.4.1.7 双重安全体系总体信任对购买意愿的影响假设

实施质量安全认证与信息可追溯双重体系有利于促进农产品国际贸易、一国经济发展和社会安定。双重安全体系涉及主体广泛，全面推广双重安全体系需要安全农产品供应链主体的协同与合作。农产品生产主体既是生产者也是消费者，确保安全农产品的有效供给，应该转变主体观念，通过构建主体间"利益相关，风险共担"的联动机制，增强各主体的自律安全生产观念。消费者作为实施双重安全体系的受益方，消费者对双重安全体系的信任必然会影响可追溯安全农产品的购买意愿。

姚洁（2013）认为消费者从可追溯体系中获取有关生产、加工农产品信息的充分度会影响消费者对可追溯农产品的信任，进而影响其购买意愿，并且消费者对可追溯农产品的信任程度越高，消费者购买可追溯农产品的意愿也越高。张鑫等（2010）以河北省为例，提出消费者对农产品信息的理解程度和对质量安全认证标识的信任程度会影响消费者购买安全农产品的意愿。石洪景（2012）基于消费者对农产品的安全意识视角，实证分析了农产品的价格、品牌标识等会显著影响消费者对农产品安全水平的满意度。高氏尔（Gaothier，2005）以西班牙消费者为调查对象，实证分析了消费者对农产品信息可追溯体系的态度与支付意愿，研究表明绝大多数消费者对可追溯体系非常信任，但其中3/4的消费者对可追溯农产品的溢价支付意愿却很低。实施双重安全体系需要大量的资金投入，可追溯安全农产品的价格必然要高于同种一般农产品的价格，了解消费者对可追溯安全农产品的支付意愿对政府控制可追溯安全农产品的成本研究具有重要的现实意义。基于上述描述，提出以下假设：

H7：消费者对双重安全体系总体信任对可追溯无公害大米的购买意愿具有正向影响。

5.5 问卷设计和样本选择

江西省是中国经济较为落后的省份，农产品的质量安全问题是突出问题之一，构建信息可追溯与质量安全认证双重安全体系势在必行。并且，江西省南昌县、吉安县、万载县、分宜县、临川区、贵溪县、万年县、芦溪县、乐平市等是安全农产品生产基地之一，所以搜集到的数据既有特殊性，又有一般性。基于此，本书以无公害大米为例，对江西省部分城市的消费者进行了问卷调查，并通过实地调研对30个消费者进行试调查，根据反馈的信息对原始问卷进行了修改，形成了最终的调查问卷（见附录3）。

5.5.1 调查问卷的设计

本书的调查问卷分为五个部分，第一部分的调查内容是消费者认知情况；第二部分是消费者信任情况的调查；第三部分是消费者对双重安全体系总体信任的态度调查；第四部分的调查内容是消费者对可追溯无公害大米购买意愿情况；第五部分的调查内容是消费者的人口统计特征。

第一部分：消费者认知情况。又可细分为消费者购买习惯、对安全农产品与信息可追溯体系的认知情况。这部分问卷内容是由 14 个问题组成的。在问卷的开头部分简单介绍了问卷调查的目的、意义等。首先，在对消费者购买习惯的测度中，设计了是否关注农产品安全问题、认为农产品安全风险有哪些及对农产品安全现状满意情况等问题；其次，用是否听说过无公害农产品、是否见过无公害农产品标志、是否了解信息可追溯体系的功能等问题来测度消费者对双重安全体系的了解情况。

第二部分：消费者信任调查。可细分为消费者信任倾向调查，消费者对农户的信任、消费者对加工企业的信任及消费者对政府职能的信任。这部分是由 12 个问题组成。这部分都是基于梅耶的信任三维度划分理论来设计的。首先，设计是否认为大多数人能够胜任他们的工作、是否认为大多数人的言行一致及是否认为大多数人是诚实的，来测度消费者信任倾向变量；其次，设计是否相信农户拥有安全种植农产品的技能和知识、是否相信农户也吃自己种植的农产品及是否相信农户在可追溯体系中提供的农产品信息，来测度消费者对农户的信任变量；再次，设计是否相信大米加工企业的员工拥有安全加工大米的技能和知识、是否相信大米加工企业的员工都愿意食用本企业加工的大米，以及是否相信如果发生大米安全事件，大米加工企业会诚实以对，并承担相应的社会责任，来测度消费者对加工企业的信任变量；最后，设计是否相信政府在监管农产品的质量安全时能够坚守原则、是否相信政府会营造更好的制度环境使得双重安全体系顺利实施及是否相信政府公布的农产品安全信息是充分开放的，来测度消费者对政府职能的信任变量。

第三部分：消费者对双重安全体系的总体信任调查。这部分是由 4 个问题组成的。设置总体上对双重安全体系保障农产品安全的信任情况、对双重安全体系确保农产品安全的预期、建立大米双重安全保障体系和相信双重安全体系所反映的产品信息 4 个问题来测度消费者对双重安全体系的总体信任变量。

第四部分：消费者对可追溯无公害大米购买意愿的调查。这部分是由 5 个问题组成的。问卷设计了是否购买过可追溯无公害大米、是否会接受可追溯无公害大米的溢价、是否愿意购买可追溯无公害大米、是否愿意推荐他人购买可追溯无公害大米、能够接受多少价格比例的溢价来测度消费者购买可追溯无公害大米意愿。

第五部分：消费者人口统计特征。这部分是由5个问题组成的，包括消费者的年龄、性别、受教育水平、收入及家中有无未成年人员5个问题。

5.5.2 正式问卷调查与样本选择

这次调查问卷的数据来源包括：一是通过"问卷星"网络平台推送的电子问卷；二是通过实地调研收集的纸质问卷。发放的对象来自于南昌市、抚州市、赣州市及九江市等江西省具有代表性城市的大型超市、农贸市场及住宅小区的消费者和通过IP地址筛选的网络问卷调查的消费者。经过2015年6月初至2015年9月初近三个月的努力，一共发放700份问卷，回收650份问卷，剔除无效问卷，整理出580份有效问卷，问卷回收率82.9%。剔除无效问卷的原则是问卷填写的不完整、填写问卷前后信息相矛盾、非江西省常住的消费者、未满20周岁等。

5.6 实证分析

5.6.1 描述性统计变量分析

基于对有效问卷的数据分析，样本分布情况如表5-2所示。

表5-2　　　　　　　　　样本分布情况

变量	项目	频数	所占比例（%）
性别	男	274	47.24
	女	306	52.76

续表

变量	项目	频数	所占比例（%）
年龄	26 岁以下	134	23.11
	26~35 岁	229	39.48
	36~45 岁	163	28.10
	46~60 岁	41	7.07
	60 岁以上	13	2.24
学历	高中及以下	97	16.72
	大专	150	25.86
	本科	206	35.52
	硕士	94	16.21
	博士及以上	33	5.69
月收入	1000 元以下	77	13.28
	1000~3000 元	129	22.24
	3001~5000 元	188	32.41
	5001~7000 元	104	17.93
	7000 元以上	82	14.14
未成年人员	没有	271	46.72
	有	309	53.28

从表 5-2 中我们可以知道：

（1）样本的性别分布：男性 274 人，占总样本 47.24%；女性 306 人，占总样本 52.76%；从样本总体上来看，女性比例略高于男性比率，不过这与一般家庭中主要由女性来购买农产品相符，所以就男女样本比率来说，数据非常具有现实意义。

（2）样本的年龄分布：26 岁以下人数为 134 人，占总样本 23.11%；26~35 岁人数为 229 人，占总样本 39.48%；36~45 岁人数为 163 人，占总样本 28.10%；46~60 岁人数为 41 人，占总样本 7.07%；60 岁以上人数为 13 人，占总样本 2.24%。可以看出样本覆盖了多个年龄段，并且 26~60 岁的主要调查对象人数最多，占总样本 74.65%，这个年龄段的消费者是农产品的主要消费群体，所以样本的年龄分布比较符合研究内容。

（3）样本的学历分布：高中及以下学历人数为97人，占总样本16.72%；大专学历人数为150人，占总样本25.86%；本科学历人数为206人，占总样本35.52%；硕士学历人数为94人，占总样本16.21%；博士及以上学历人数为33人，占总样本5.69%。可以看出这次的调查对象的学历普遍偏高，大专及以上学历人数占总样本的84.28%；在江西省的农产品市场，信息可追溯体系和质量安全认证体系的应用还处于初级阶段，相关概念并未普及，所以本书认为以较高学历的消费者作为调查对象更具有研究价值。

（4）样本的月收入分布：月收入为1000元以下人数为77人，占总样本13.28%；月收入为1000~3000元人数为129人，占总样本22.24%；月收入为3001~5000元人数为188人，占总人数32.41%；月收入为5001~7000元人数为104人，占总样本17.93%；月收入为7000元以上人数为82人，占总样本14.14%。我们可以看出月收入为1000~7000元占总样本人数73.58%，所占比重较大，这与江西省城镇人均月收入水平比较相符。

（5）家中有无未成年人员分布：家中没有未成年人员样本人数为271人，占总样本46.72%；家中有未成年人员样本人数为309人，占总样本53.28%。从数据中可知，家中未成年人员样本人数要高于家中没有未成年样本人数，这与本书欲验证"家中有无未成年人员"变量与"消费者对双重安全体系的总体信任"变量之间关系的目的相符。

5.6.2 消费者对大米安全风险的认知

问卷设计了一些在大米种植和加工过程中常见的安全隐患，包括重金属污染、农药残留、食品添加剂和微生物超标等。从总体样本数据来看，消费者对农产品风险的认知普遍较高，而且表示对江西省的农产质量安全非常担忧。统计分析发现，消费者认为农药残留是农产品质量安全最大的安全隐患，占总样本的87.24%，这类农产品安全问题主要是源于农户的种植阶段，比如农户为了保持或增加产量，在水稻开花期就过量使用农药化肥等有毒化学物质以达到防虫、杀虫目的，而这一时期喷洒的有毒农药在一定程度上会一直残留至成品大米中。有69.66%的样本认为重金属污染是农产品安全问题的元凶，重金属污染严重危害人体健康，在我国土壤的重金属污染表现尤为严重。我国多个地区出产的大米查出镉金属超标，"镉大米"的出现，敲响了重金属污染大米的警钟，直接影响了消费者对我国大米安全的信心。另外还有57.93%的样本认为食品添加剂会影响农产品质量安全，这里需要强调的是，消费者谈食品添加剂色变，很可能是混淆了食品添加剂与非法添加物的概念，因为正确使用食品添加剂可以满足不同消费者的需求，而且可以有效地降低农产品的安全风险。当然，由于发放问卷的局限性，并未全部列举农产品的安全风险，还有27.59%的样本选择其他安全隐患选项，这有待于以后学术研究的完善（如图5-3所示）。

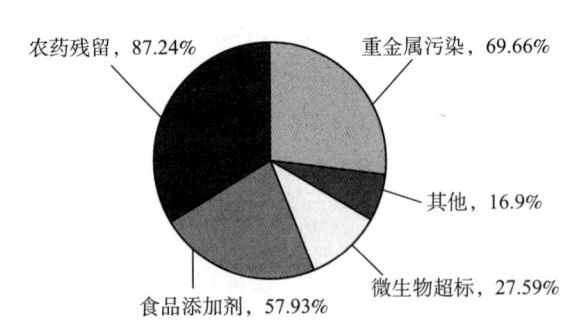

图5-3 消费者对农产品安全风险的认知

（农药残留，87.24%；重金属污染，69.66%；其他，16.9%；微生物超标，27.59%；食品添加剂，57.93%）

5.6.3 消费者获取安全农产品相关信息的渠道

农产品质量安全问题的根本原因是生产主体与消费者之间信息不对称。消费者获取农产品信息渠道单一，相关主体恶意转载或发布不实信息等现象凸显。虽然多媒体信息已经无处不在，但是消费者获取到的安全农产品的信息量却非常有限。从样本数据来看，消费者主要是通过网络了解安全农产品的相关信息，比例占33.33%，但与我国关于网络信息传播规范的法律尚不健全相矛盾。消费者由于缺乏辨别真伪信息的能力，必然会受网络虚假信息的影响,引发严重的社会非理性恐慌。所以,要使消费者获得真实信息,必须加强对互联网信息流通的监管,正确引导舆情的发展。另外有 26.36% 的样本选择通过观看电视节目获得安全农产品信息,少于样本通过网络获取安全农产品信息的人数。但事实上电视落户率要远高于互联网的普及率,这一结果可能与选择样本的特征有关,还可能是相关政府并没有通过电视普及安全农产品的相关知识。还有 21.71% 的样本是通过销售人员的介绍而获得安全农产品信息,所以相关企业可以通过加强销售人员的专业培训,以提高消费者对安全农产品的信任和购买意愿。另外还有 4.65%、0.78% 和 13.18% 分别利用报纸、杂志和其他渠道了解安全农产品信息(如图 5-4 所示)。

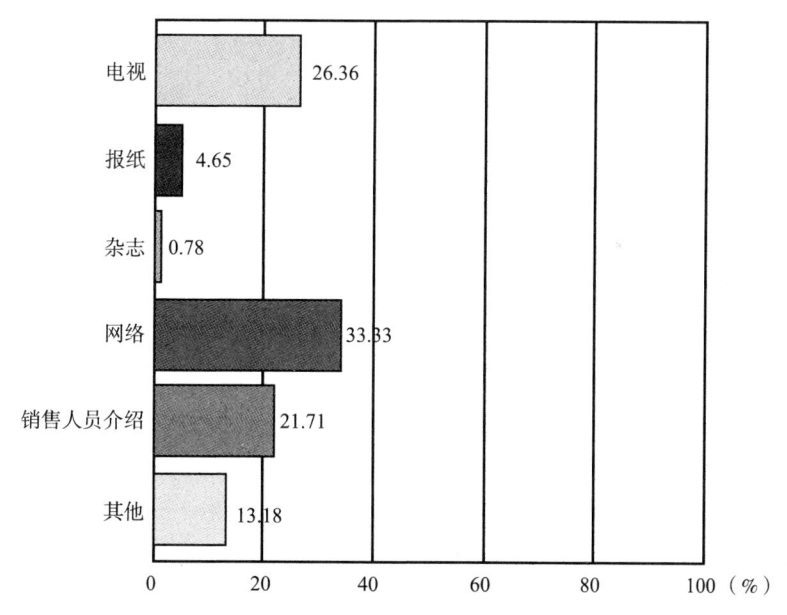

图 5-4 消费者获取农产品相关信息的渠道

5.6.4 消费者信赖的信息发布平台

生产可追溯安全农产品涉及农户、加工企业、和政府监管部门等主体,推广双重安全体系会影响供应链主体间的利益分配的方式和信息共享的程度。了解消费者信赖的信息发布平台,既可以扩大信息传播范围,也可以提高信息规范化的程度。统计发现,67.59%的样本认为农业部发布有关农产品安全信息最为可靠。目前,我国主要是通过农业部官网和中国农业信息网来发布国际、国内农产品市场的相关信息。有38.24%的样本认为农产品行业协会发布农产品相关信息比较可信,农产品行业协会作为农产品生产主体与消费者之外的第三方机构,能够以比较中立的立场传播农产品相关信息。还有34.48%的样本认为由新闻媒体第一时间发布农产品相关的信息更为可信,新闻媒体以其获取信息的及时性及传播信息的时效性占据了主流地位,但同时新闻媒体具有特殊的社会使命及社会倾向性,消费者对其发布的信息也就产生了怀疑。需要强调的是,其中有16.55%的样本认为农户传播的农产品相关信息最为可信,农户是安全农产品的生产源头,客观上农户对农产品的质量安全水平最具话语权。简言之,要提高消费者对可追溯安全农产品的认可度,当局需要发展多样化、标准化、规范化的农产品信息发布平台,完善安全农产品的信息共享机制,以最大限度重拾消费者信心。

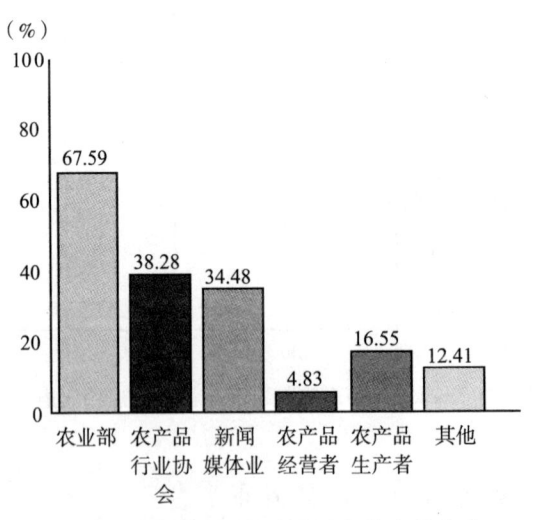

图5-5 消费者信赖发布信息的主体分布

5.7 问卷的信度分析

首先对问卷整体变量进行可靠性分析,输出结果表明总体问卷的信度系数为 0.805,大于 0.8,说明问卷的信度非常高,设置变量的可靠性很好(如表 5-3 所示)。

表 5-3　　　　　　　　调查问卷的总体可靠性统计量

Cronbach's Alpha	基于标准化项的 Cronbach's Alpha	项数
0.805	0.843	40

其次对问卷分量表的变量进行可靠性分析,输出结果如表 5-4 所示。

表 5-4　　　　　　　　　　可靠性统计量

变量	克朗巴赫系数	基于标准化项的克朗巴赫系数	项数
消费者对双重安全体系认知	0.814	0.802	11
消费者信任倾向	0.796	0.795	3
农户信任	0.788	0.791	3
加工企业信任	0.788	0.791	3
政府职能信任	0.861	0.861	3
双重安全体系总体信任	0.885	0.885	4
可追溯无公害大米购买意愿	0.800	0.808	5
人口统计特征	0.827	0.825	5

从表 5-4 可以看出,本书的总问卷量表的 Cronbach α 和分量表的 Cronbach α 系数都接近于或大于 0.8,因此可以判定不管是整体量表还是分量表的信度都很高,满足进一步进行统计分析的需要。

5.8 问卷的效度分析

本书中的调查问卷是在以往学者研究成果基础上来设计的,因此设置的潜在变量与可观测变量相关程度较高,具有较高的内容效度。结构效度又可称构建效度或构想效度,一般利用因子分析来检验问卷的结构效度。

信度分析结果表明问卷的信度非常高,接下来利用因子分析法来检验问卷的结构效度,以对问卷数据进行回归分析。

首先要进行相关性分析,变量间具有较高的相关性是进行因子分析的前提条件。相关性分析方法的主要统计量包括相关系数的显著性水平、Bartlett 球形检验、Kaiser – Meyer – Olkin（KMO）统计检验等。其次对原始变量进行因子提取,即是分析原始变量之间的显著性关系,并提取少数能够综合代表原始变量的因子过程。最常利用的是主成分分析法,提取初始特征值大于 1 的公因子变量。一般认为提取的因子累计方差贡献率超过 70%,即超 70% 的原始变量能够被公因子所解释,则认为因子提取的效果较好。

因子分析的主要目的是对原始变量进行降维,以减少变量的个数,这就需要借助因子旋转工具,通过这种方法提取因子载荷系数接近于 1 的原始变量,最后将其公因子命名。

(1) 消费者人口统计特征的因子分析。本书对原始变量进行相关性分析,得出结果如表 5 – 5 所示,KMO 值 = 0.789,KMO 接近于 1,适合做因子分析;Bartlett 球形检验结果中的 χ^2 值 = 1342.399,非常大,且 Sig. 值 = 0 < 0.05,也说明了原始变量适合做因子分析。

第5章 农产品安全认证体系对消费者购买信心与购买意愿的影响

表5-5 消费者人口统计特征的KMO和Bartlett检验

取样足够度的KMO度量值		0.789
Bartlett的球形度检验	近似卡方	1342.399
	df	5.000
	Sig.	0.000

进而对原始变量进行主成分分析,得出原始变量的初始特征值、旋转平方和载入等结果如表5-6所示。

表5-6 消费者人口统计特征的解释总方差

成分	初始特征值			提取平方和载入		
	特征值	方差的(%)	累积(%)	特征值	方差的(%)	累积(%)
1	2.975	74.373	74.373	2.975	74.373	74.373
2	0.523	10.075	84.448			
3	0.268	7.689	92.137			
4	0.234	4.941	97.078			
5	0.191	2.922	100.000			

提取方法:主成分分析法。

从表5-6中可知,只有一个因子的特征值大于1,并且这个公因子的累计方差贡献率为74.378%,说明这公因子可以解释74.378%的原始变量,累计方差贡献率很高。如上所述,消费者的人口统计特征主成分只有一个,"消费者人口统计特征"是一个单维度变量。

从表5-7中的成分矩阵表中看到,其每个变量的因子载荷值都超过0.8,可见其与消费者人口统计特征高度相关,提取的因子效果较好,故将其唯一成分命名为X_1。

表 5-7　　　　　消费者人口统计特征的成分矩阵[a]

变量	成分
	1
性别	0.899
年龄	0.822
学历	0.883
收入	0.864
有无未成年人	0.871

提取方法：主成分分析法。
a. 已提取了 1 个成分。

（2）消费者对双重安全体系认知水平的因子分析。本书对其解释变量进行相关性分析，得出结果如表 5-8 所示，KMO 值 = 0.8884，KMO 接近于 1，适合做因子分析；Bartlett 球形检验结果中的 χ^2 值 = 2752.161，非常大，且 Sig. 值 = 0 < 0.05，也说明了原始变量适合做因子分析。

表 5-8　　　消费者对双重安全体系认知的 KMO 和 Bartlett 检验

取样足够度的 KMO 度量值		0.884
Bartlett 的球形度检验	近似卡方	2752.161
	df	11.000
	Sig.	0.000

其次利用 SPSS19.0 对原始变量进行主成分分析，得出原始变量的初始特征值、旋转平方和载入等结果如表 5-9 所示。

表 5-9　　　　消费者对双重安全体系认知的解释总方差

成分	初始特征值			提取平方和载入			旋转平方和载入		
	合计	方差的(%)	累积(%)	合计	方差的(%)	累积(%)	合计	方差的(%)	累积(%)
1	5.751	52.272	52.272	5.751	52.272	52.272	5.351	50.603	50.603

第 5 章　农产品安全认证体系对消费者购买信心与购买意愿的影响

续表

成分	初始特征值			提取平方和载入			旋转平方和载入		
	合计	方差的(%)	累积(%)	合计	方差的(%)	累积(%)	合计	方差的(%)	累积(%)
2	2.160	22.435	74.707	2.160	22.435	74.707	1.837	20.105	74.707
3	0.925	5.321	80.028						
4	0.708	4.704	84.732						
5	0.677	4.282	89.014						
6	0.666	3.855	92.869						
7	0.553	2.431	95.300						
8	0.403	2.261	97.561						
9	0.321	1.520	99.081						
10	0.264	0.696	99.777						
11	0.148	0.223	100.000						

提取方法：主成分分析法。

从表 5－9 可以看出，前 2 个公因子的特征值都大于 1，并且这 2 个公因子的累计方差贡献率为 74.707%，累计方差贡献率很高，说明这 2 个公因子可以解释 74.707% 的消费者对双重安全体系认知变量。

表 5－10 是因子分析旋转后的因子载荷矩阵。从矩阵表中可知，第一个主成分下的每个变量的因子载荷值都超过或接近于 0.8，其变量主要是对消费者对双重安全体系了解程度的概述，故可以将第一个主成分命名为 X_2；第二个主成分下的每个变量的因子载荷值也都超过或接近于 0.8，其主要是描述消费者对大米安全的关注程度的观测变量，故可将第二个主成分命名为 X_3。

表 5－10　　消费者对双重安全体系认知的成分矩阵[a]

变量	成分	
	1	2
是否了解大米可追溯体系	0.889	-0.064

续表

变量	成分 1	成分 2
是否了解大米可追溯体系可以提供大米生产加工信息	0.883	-0.037
是否了解信息可追溯与质量安全认证的区别	0.841	-0.153
是否了解大米可追溯体系可以追溯责任主体	0.831	-0.134
是否听说过可追溯无公害大米	0.801	-0.127
是否了解无公害大米须经认证与检测	0.790	0.077
是否听说过无公害大米	0.866	0.232
是否见过无公害农产品标志	0.879	0.215
是否遭受农产品安全事件	0.231	0.779
是否关注大米安全	0.114	0.854
对大米的安全状况是否满意	-0.040	0.829

提取方法：主成分分析法。
a. 已提取 2 个成分

（3）消费者信任倾向的因子分析。首先对原始变量进行相关性分析，得出结果如表 5-11 所示，KMO 值 = 0.765，KMO 接近于 1，适合做因子分析；Bartlett 球形检验结果中的 χ^2 值 = 587.697，非常大，且 Sig. 值 = 0 < 0.05，也说明了原始变量适合做因子分析。

表 5-11　　　　消费者信任倾向的 KMO 和 Bartlett 检验

取样足够度的 KMO 度量值		0.765
Bartlett 的球形度检验	近似卡方	587.697
	df	3
	Sig.	0.000

其次通过主成分分析，得出原始变量的初始特征值、旋转平方和载入等结果如表 5-12 所示。

第5章 农产品安全认证体系对消费者购买信心与购买意愿的影响

表5-12　　　　　　　消费者信任倾向的解释总方差

成分	初始特征值			提取平方和载入		
	特征值	方差的（％）	累积（％）	特征值	方差的（％）	累积（％）
1	2.133	71.098	71.098	2.133	71.098	71.098
2	0.570	18.996	90.094			
3	0.297	9.906	100.000			

提取方法：主成分分析法。

如表5-12所示，只有一个因子的特征值大于1，累计方差贡献率为71.098％，该因子能够解释71.098％的消费者信任倾向变量，故认为解释效果较好。

从表5-13中可以看到，其每个变量的因子载荷值都超过或接近于0.8，可见其与消费者信任倾向高度相关，提取的因子效果较好，故将其唯一成分命名为X_4。

表5-13　　　　　　　消费者信任倾向的成分矩阵[a]

变量	成分
	1
认为大多数人的言行是一致的	0.893
认为大多数都是诚实的	0.860
认为大多数人能够胜任他们的工作	0.772

提取方法：主成分分析法。
a. 已提取了1个成分

（4）消费者对农户信任的因子分析。本书对原始变量进行相关性分析，得出结果如表5-14所示，KMO值=0.735，KMO接近于1，适合做因子分析；Bartlett球形检验结果中的χ^2值=254.288，非常大，且Sig.值=0<0.05，也说明了原始变量适合做因子分析。

表 5-14　　　　　农户信任的 KMO 和 Bartlett 检验

取样足够度的 KMO 度量值		0.735
Bartlett 的球形度检验	近似卡方	254.288
	df	3.000
	Sig.	0.000

再通过主成分分析，得出原始变量的初始特征值、旋转平方和载入等结果如表 5-15 所示。

表 5-15　　　　　农户信任的解释总方差

成分	初始特征值			提取平方和载入		
	特征值	方差的（%）	累积（%）	特征值	方差的（%）	累积（%）
1	2.785	69.513	69.513	2.785	69.513	69.513
2	0.698	23.282	92.794			
3	0.316	7.206	100.000			

提取方法：主成分分析法。

如表 5-15 所示，只有一个因子的特征值大于 1，累计方差贡献率为 69.513%，该因子能够解释 69.513% 的消费者对农户信任变量，故认为解释效果较好。

从表 5-16 中可以看到，其每个变量的因子载荷值都大于或接近于 0.8，可见其与消费者对农户信任高度相关，提取的因子效果较好，故将其唯一成分命名为 X_5。

表 5-16　　　　　农户信任的成分矩阵[a]

变量	成分
	1
相信农户在可追溯体系中提供信息的真实性	0.825
相信农户拥有安全种植大米的技能和知识	0.744

续表

变量	成分
	1
相信农户也吃自己种的大米	0.743

提取方法：主成分分析法。
a. 已提取了1个成分。

（5）消费者对加工企业信任的因子分析。本书对原始变量进行相关性分析，得出结果如表5-17所示，KMO值=0.703，KMO接近于1，适合做因子分析；Bartlett球形检验结果中的 χ^2 值=515.454，非常大，且Sig.值=0<0.05，也说明了原始变量适合做因子分析。

表5-17　　　　　加工企业信任的KMO和Bartlett检验

取样足够度的KMO度量值		0.703
Bartlett的球形度检验	近似卡方	515.454
	df	3.000
	Sig.	0.000

通过主成分分析，得出原始变量的初始特征值、旋转平方和载入等结果如表5-18所示。

表5-18　　　　　加工企业信任的解释的总方差

成分	初始特征值			提取平方和载入		
	特征值	方差的（%）	累积（%）	特征值	方差的（%）	累积（%）
1	2.116	70.519	70.519	2.116	70.519	70.519
2	0.487	16.248	86.766			
3	0.397	13.234	100.000			

提取方法：主成分分析法。

如表5-18所示，只有一个因子的特征值大于1，累计方差贡献率为

70.519%，该因子能够解释 70.519% 的消费者对加工企业信任变量，故认为解释效果较好。

从表 5-19 中可以看到，其每个变量的因子载荷值都大于 0.8，可见其与消费者对加工企业信任高度相关，提取的因子效果较好，故将其主成分命名为 X_6。

表 5-19　　　　　　　　加工企业信任的成分矩阵[a]

变量	成分
	1
相信发生大米安全事件加工企业会诚实以对承担相应责任	0.853
相信大米加工企业的员工拥有安全加工大米的技能和知识	0.850
相信大米加工企业的员工都愿意食用本企业的大米	0.816

提取方法：主成分分析法。
a. 已提取了 1 个成分。

（6）消费者对政府职能信任的信度分析。本书对原始变量进行相关性分析，得出结果如表 5-20 所示，KMO 值 = 0.727，KMO 接近于 1，适合做因子分析；Bartlett 球形检验结果中的 χ^2 值 = 822.602，非常大，且 Sig. 值 = 0 < 0.05，也说明了原始变量适合做因子分析。

表 5-20　　　　　　　政府职能信任的 KMO 和 Bartlett 检验

取样足够度的 KMO 度量值		0.727
Bartlett 的球形度检验	近似卡方	822.602
	df	3.000
	Sig.	0.000

通过主成分分析，得出原始变量的初始特征值、旋转平方和载入等结果如表 5-21 所示。

第5章 农产品安全认证体系对消费者购买信心与购买意愿的影响

表 5-21　　　　　　　　　政府职能信任的解释总方差

成分	初始特征值			提取平方和载入		
	特征值	方差的（%）	累积（%）	特征值	方差的（%）	累积（%）
1	2.349	78.311	78.311	2.349	78.311	78.311
2	0.384	12.814	91.125			
3	0.266	8.875	100.000			

提取方法：主成分分析。

如表 5-21 所示，只有一个因子的特征值大于 1，累计方差贡献率为 78.311%，该因子能够解释 78.311% 的消费者对政府职能信任变量，故认为解释效果较好。

表 5-22 是消费者对政府职能信任的成分矩阵，从表中可以看到，其每个变量的因子载荷值都远大于 0.8，可见其与消费者对政府职能信任高度相关，提取的因子效果非常好，故将其公因子命名为 X_7。

表 5-22　　　　　　　　　政府职能信任的成分矩阵[a]

变量	成分
	1
相信政府在监管农产品安全时会坚守原则	0.900
相信政府公布农产品安全信息是充分开放的	0.896
相信政府会营造更好的制度环境使得双重安全体系得以顺利实施	0.858

提取方法：主成分分析法。
a. 已提取了1个成分。

（7）消费者对双重安全体系总体信任的因子分析。本书对原始变量进行相关性分析，得出结果如表 5-23 所示，KMO 值 = 0.789，KMO 接近于 1，适合做因子分析；Bartlett 球形检验结果中的 χ^2 值 = 1342.399，非常大，且 Sig. 值 = 0 < 0.05，也说明了原始变量适合做因子分析。

表 5-23　　双重安全体系总体信任的 KMO 和 Bartlett 检验

取样足够度的 KMO 度量值		0.789
Bartlett 的球形度检验	近似卡方	1342.399
	df	4.000
	Sig.	0.000

对变量的原始数据进行主成分分析，得出原始变量的初始特征值、旋转平方和载入等结果如表 5-24 所示。

表 5-24　　双重安全体系总体信任的解释总方差

成分	初始特征值			提取平方和载入		
	特征值	方差的（%）	累积（%）	特征值	方差的（%）	累积（%）
1	2.975	74.378	74.378	2.975	74.378	74.378
2	0.523	13.070	87.448			
3	0.268	6.701	94.149			
4	0.234	5.851	100.000			

提取方法：主成分分析法。

从表 5-24 中可知，只有一个因子的特征值大于 1，并且这个公因子的累计方差贡献率为 74.378%，累计方差贡献率很高，说明该公因子可以解释 74.378% 的消费者对双重安全体系总体信任变量。

综上所述，消费者对双重安全体系总体信任的主成分只有一个，说明"消费者对双重安全体系总体信任"是一个单维度变量。从表 5-25 中可以看到，其每个变量的因子载荷值都超过 0.8，可见其与消费者对双重安全体系总体信任高度相关，提取的因子效果较好。

表 5-25　　双重安全体系总体信任的成分矩阵[a]

变量	成分
	1
总体上，相信双重安全体系能够保障大米的安全	0.899

第5章 农产品安全认证体系对消费者购买信心与购买意愿的影响

续表

变量	成分
	1
认可尽快建立大米双重安全体系	0.882
双重安全体系能够满足对大米安全保障的预期	0.843
相信双重安全体系所反映的农产品信息	0.824

提取方法：主成分分析法。
a. 已提取了1个成分

5.9 双重安全体系下消费者信任与购买意愿的回归分析

本节内容是利用SPSS18.0对双重安全体系总体信任与可追溯无公害大米购买意愿相关变量进行回归分析，从而检验变量间的假设关系。回归分析是一种用来研究一个因变量和一个或多个自变量之间关系的统计学方法。由于本书的因变量都是定性的有序变量，而且因变量都有五种可能的结果，因此本书采用的回归模型为有序逻辑回归模型（ordinal logistic regression model）。

5.9.1 双重安全体系总体信任影响因素的有序逻辑回归分析

通过因子分析得到7个公因子，分别为：消费者对双重安全体系的了解程度、消费者对大米安全的关注程度、消费者信任倾向、消费者对农户的信任、消费者对加工企业的信任、消费者对政府职能的信任和消费者的人口统计特征，进而利用有序逻辑回归模型对因变量与自变量的关系进行深入分析。有序逻辑回归模型的表达式如公式（5-1）所示，在此回归分析中，因变量y_1表示消费者对双重安全体系总体信任，分为五个等级，分别赋值为：非常不相信=0，比较相信=1，一般=2，比较相信=3，非常相信=4。有序逻辑回归模型的表达式为：

$$y_1 = \beta_0 + \sum \beta_j x_j, \quad j = 1, 2, \cdots, n \qquad (5-1)$$

在公式（5-1）中，y_1 代表因变量，分为五个等级，分别为 0，1，2，3，4；x_j 表示自变量；$β_0$ 表示参数截距；$β_j$ 表示回归系数。

运用 SPSS18.0 统计分析软件，将以上 7 个公因子与因变量消费者对双重安全体系的总体信任进行有序逻辑回归分析，本书采用的方法是逐步回归法，输出的结果包括模型拟合汇总表和模型估计值，如表 5-26、表 5-27 所示。

表 5-26　消费者对双重安全体系总体信任影响因素的模型汇总

拟合度	-2 对数似然值	Cox and Snell R 方	Nagelkerke R 方
估计值	1030.298	0.896	0.931

从表 5-26 中可以看出，Cox and Snell R 方和 Nagelkerke R 方两个统计量的值都比较大，接近于 1，说明消费者对双重安全体系总体信任的影响因素模型的拟合效果较好。

本次的有序逻辑回归模型估计结果如表 5-27 所示，消费者对双重安全体系的了解程度、大米安全的关注程度、人口统计特征、信任倾向、农户信任、加工企业信任和政府职能信任都达到了显著性水平状态。

表 5-27　消费者对双重安全体系总体信任影响因素的模型估计值

变量	回归系数	标准差	沃尔德值	自由度	显著性水平
非常不相信 =0	-2.661	0.425	20.033	1	0.000
比较不相信 =1	0.617	0.275	31.239	1	0.000
一般 =2	1.131	0.562	2.754	1	0.000
比较相信 =3	3.008	0.718	3.158	1	0.000
对双重体系的了解程度	0.661	0.371	7.613	1	0.005
大米安全关注度	0.448	0.425	10.831	1	0.001
人口统计特征	0.352	0.227	2.518	1	0.034
信任倾向	0.164	0.104	5.414	1	0.029
农户信任	0.393	0.174	21.834	1	0.000

第5章 农产品安全认证体系对消费者购买信心与购买意愿的影响

续表

变量	回归系数	标准差	沃尔德值	自由度	显著性水平
加工企业信任	0.594	0.192	33.672	1	0.000
政府职能信任	0.688	0.240	28.915	1	0.000

从自变量的系数大小来看，消费者对政府职能信任程度对双重安全体系的总体信任影响最大，政府职能信任的显著性水平 Sig. 值 = 0，系数 = 0.688，是正相关关系，这说明政府应该为保障农产品质量安全提供一个良好的市场环境，才能提高消费者对双重安全体系的总体信任水平，更确切地说政府应该为实施双重安全体系提高软硬件条件，从而提高消费者对可追溯无公害大米的信任水平。

其次是消费者对双重安全体系的了解程度对双重安全体系总体信任影响最大。消费者对双重安全体系的了解程度 Sig. = 0.005，系数 = 0.661，说明消费者对双重安全体系的了解程度越高，消费者对双重安全体系的总体信任水平越高。所以相关部门应该通过多种渠道科普双重安全体系的相关知识，提高消费者对双重安全体系的了解水平，进而保障双重安全体系建设工作的顺利进行。

加工企业的信任对双重安全体系总体信任具有正向影响。消费者对加工企业越信任，消费者对双重安全体系的总体信任也越高。说明可以通过提高加工企业的生产加工技术和社会责任感等，使更多加工企业参与双重安全体系的建设中，提高消费者对加工企业的信任水平，进而拉动安全农产品的需求市场。

从模型估计值结果中还可以知道，消费者对大米安全的关注程度与消费者对双重安全体系总体信任有正相关关系。说明消费者越关注大米的安全，消费者对双重安全体系的信任程度越高。所以应该为消费者创造良好的安全农产品消费环境，以减少消费者对农产品质量安全风险的感知。

消费者对大米种植农户的信任与消费者对双重安全体系总体信任有正相关关系。消费者对种植农户的信任程度越高，消费者对双重安全体系的信任程度越高。说明应该提高种植农户的技术水平，为种植农户提供一个良好的政策环境，促进种植农户生产安全大米的积极性，提高消费者对农户的信任水平。

消费者信任倾向对双重安全体系的总体信任有重要影响,系数为正。说明消费者越倾向相信他人,消费者对双重安全体系的总体信任水平越高。所以应该改善消费者社会交往的信任环境,促进社会和谐,提高消费者信任倾向的水平,使之成为开展双重安全体系建设工作的内在动力。

研究还发现,消费者的年龄、性别、学历、收入和家中有无未成年人员等人口统计特征是影响消费者对双重安全体系总体信任的重要因素,回归系数为正,说明消费者的年龄越大、学历越高、收入越高,消费者对双重安全体系的总体信任水平越高;女性比男性更相信双重安全体系;家中有未成年人员的家庭对双重安全体系的总体信任程度更高。随着消费者的年龄、学历和收入的增加,消费者可能更加关注大米的质量安全问题,而双重安全体系可以为消费者提供更加充分的农产品的质量安全相关信息,所以消费者对双重安全体系的信任水平较高。另外,对于江西省消费者而言,目前家中食用的农产品,一般是由女性来购买的,所以女性比男性更会关注大米的安全问题。最后,因为家中有未成年小孩,家长会倾向选择质量安全更有保障的农产品,故对双重安全体系的总体信任更强。

5.9.2 双重安全体系总体信任对购买意愿影响的有序逻辑回归分析

消费者对双重安全体系的总体信任会直接影响消费者对可追溯无公害大米的购买意愿,进而影响消费者对其的购买行为,进而又影响江西省实施双重安全体系试点建设的进度。因此,本书基于此次问卷调查,仍然运用有序逻辑回归模型来实证双重安全体系总体信任对可追溯无公害大米购买意愿的影响程度。根据本书的需要,设定的有序逻辑回归模型为:

$$y_2 = f(x, \varepsilon) \quad (5-2)$$

在公式(5-2)中,y_2 表示消费者对可追溯无公害大米的购买意愿,分为五个等级,赋值分别为:非常不愿意 =0,比较不愿意 =1,一般 =2,比较愿意 =3,非常愿意 =4,x 表示消费者对双重安全体系的总体信任,ε 表示随机误差。

运用SPSS19.0统计分析软件，将消费者对双重安全体系总体信任和可追溯无公害大米购买意愿这两个变量进行有序逻辑回归，本书采用的方法仍然是逐步回归法，输出的结果包括模型拟合汇总表和模型估计值，分别如表5-28、表5-29所示。

表5-28　双重安全体系总体信任对购买意愿影响模型的拟合优度

拟合度	-2对数似然值	Cox and Snell R方	Nagelkerke R方
估计值	405.963	0.840	0.944

从表5-28中可以看出，-2对数似然值、Cox and Snell R方和Nagelkerke R方三个统计量的值都比较大，说明双重安全体系总体信任对可追溯大米购买意愿的影响模型的拟合效果非常好。

本次的有序逻辑回归模型估计值如表5-29所示，结果表明：双重安全体系总体信任对可追溯无公害大米购买意愿具有显著影响。

表5-29　双重安全体系总体信任对购买意愿影响模型的估计值

变量	回归系数	标准差	沃尔德值	自由度	显著性水平
非常不愿意=0	-1.791	0.670	19.716	1	0.000
比较不愿意=1	-0.694	0.536	10.136	1	0.000
一般=2	1.791	0.336	20.195	1	0.000
比较愿意=3	3.854	0.240	36.789	1	0.000
总体信任	0.612	0.266	23.085	1	0.000

从表5-29的回归系数表中"总体信任"的系数数值来看，系数为正，显著性水平=0，故认为消费者对双重安全体系的总体信任与消费者购买可追溯无公害大米购买意愿具有正相关关系。说明消费者对双重安全体系的总体信任程度越高，消费者对可追溯无公害大米的购买意愿越高。所以，应该通过提高消费者对双重安全体系的认知水平，提高消费者对种植农户、加工企业和政府职能的信任，以改善消费者对双重安全体系的信

任评价，进而提高消费者购买可追溯无公害大米的意愿。

5.9.3 有序逻辑回归的结果

本书从消费者信任视角，对双重安全体系总体信任的影响因素和双重安全体系总体信任对购买意愿进行了网络问卷调查和实地调研，分别构建了以消费者对双重安全体系的总体信任和消费者对可追溯无公害大米购买意愿为因变量，以消费者对双重安全体系的了解程度、对大米安全的关注程度、消费者人口统计特征、种植农户信任、加工企业信任、政府职能信为自变量任和以消费者对双重安全体系的总体信任为自变量的回归模型与理论假设，进而运用SPSS18.0中的因子分析和有序逻辑回归模型等统计学研究方法，从实证层面对江西省消费者对双重安全体系的总体信任与购买可追溯无公害大米意愿进行深入研究，分析影响消费者对双重安全体系总体信任的主要因素及对双重安全体系涉及主体的信任情况，为江西省建立双重安全体系试点工作提供了重要的实证材料。

首先，基于对变量的因子分析和有序逻辑回归分析，消费者对双重安全体系总体信任的影响因素假设验证结果如表5-30所示。

表5-30 消费者对双重安全体系总体信任影响因素的假说验证结果

变量	因子	编号	假设	结果
人口统计特征（X_1）	性别	H1a	+	通过
	年龄	H1b	+	通过
	学历	H1c	+	通过
	收入	H1d	+	通过
	家庭结构	H1e	+	通过
认知水平	了解程度（X_2）	H2a	+	通过
	关注程度（X_3）	H2b	+	通过
信任倾向	信任倾向（X_4）	H3	+	通过
农户信任	农户信任（X_5）	H4	+	通过

续表

变量	因子	编号	假设	结果
加工企业信任	加工企业信任（X_6）	H5	+	通过
政府职能信任	政府职能信任（X_7）	H6	+	通过

另外，通过有序逻辑回归分析，双重安全体系总体信任对购买可追溯无公害大米意愿影响的假设检验结果如表5-31所示。

表5-31　双重安全体系总体信任对购买意愿影响的假设检验结果

变量	因子	编号	假设	结果
总体信任	总体信任	H7	+	通过

5.10 双重安全体系下消费者信任与购买意愿的现状分析

本书首先基于我国双重安全体系的实施现状，提出运用双重安全体系协同作用保障农产品质量安全的重要性，进而构建了双重安全体系下消费者信任与购买可追溯无公害大米意愿的理论模型，最后运用SPSS19.0统计分析软件中的因子分析和有序逻辑回归模型对其进行实证研究，并得出回归结果。

江西省作为近期开展双重安全体系的试点省份之一，分析消费者对双重安全体系的认知、种植农户的信任、加工企业的信任和政府职能的信任及消费者对可追溯无公害大米的购买意愿情况，对江西省在各主体环节实施双重安全体系提供了重要的指导作用。根据本书的实证调查，消费者对现有单一安全体系和双重安全体系下的主体信任与购买意愿情况具体表现如下。

（1）消费者对大米的安全非常关注，但对双重安全体系的认知水平比较低。调查结果显示，89%的消费者比较和非常关注大米的质量安全问题，虽然有将近93%的消费者在近期并没有遭受大米质量安全事件，但是只有28%的消费者比较满意当前大米的质量安全状况，这从侧面反映了大米的安全问题是一个长期积累的过程。另外消费者对双重安全体系的认知都只停留在听说过或者了解一些水平上；其中有66%的消费者听说过无公害大米，而只有不到28%的消费者听说过或了解过大米信息可追溯体系，更有将近72%的消费者不了解信息可追溯体系和质量安全认证体系两者之间联系与区别。

（2）消费者对双重安全体系的总体信任较高。虽然消费者对双重安全体系的认知水平比较低，但有93%的消费者认为双重安全体系能够保障大米的质量安全，并且大多数消费者认为双重安全体系对于提高大米质量安全水平非常重要，希望江西省能尽快建立并完善大米的双重安全保障体系以满足消费者对大米信息知情权与安全大米消费的需求。

（3）消费者对种植农户信任持较中立的态度。统计结果显示，虽然90%左右的消费者认为农户也食用自己种植的大米，但却只有28%左右的消费者比较同意种植农户拥有安全种植大米的技能和知识，另外50%左右的消费者对农户安全种植大米的技能和知识持中立态度。基于双重安全体系的监管下，有83%的消费者认为农户会将真实的农产品信息传递到双重安全体系中，这也说明了消费者对双重安全体系持比较积极的信任态度。

（4）消费者对加工企业的信任程度较低。从统计分析结果来看，有70%左右的消费者对加工企业掌握安全加工大米的技能和知识、对加工企业职工也会购买并食用自己加工的大米的情况表示不确定或持怀疑态度；消费者对加工企业的信任程度较低，尤其表现在：有67%左右的消费者认为当发生大米安全突发事件时，认为加工企业不会自愿承担相应责任。

（5）消费者对政府职能总体信任程度较高。调查结果表明，80%左右的消费者非常相信政府保障大米质量安全的监管力度和决心，相信政府会创造更好有利于发展安全大米的市场环境。但是在政府对相关信息公开方面，有67%左右的消费者对政府相关信息的开放程度持中立和不满意态度。

（6）消费者对可追溯无公害大米的购买意愿比较高，但实际购买可追溯无公害大米的频次却很少。数据显示，有将近91%的消费者愿意自己并推荐他人购买可追溯无公害大米,但却只有20%左右的消费者购买过可追溯无公害大米,这可能与可追溯无公害大米价格较高有关,还可能与我国双重安全体系实施的进度有关。消费者对可追溯无公害大米溢价幅度接受有限,虽然有70%左右的消费者会接受可追溯无公害大米的溢价,但将近83%的消费者表示只能接受相对普通大米溢价10%,而只有5%左右的消费者愿意接受30%以上的溢价水平。这从侧面反映了如果我国全面推广双重安全体系,需要严格控制可追溯安全农产品的价格,以提高消费者的购买意愿,满足各个层次消费者对安全大米的需求。

5.11 提高双重安全体系下消费者信任与购买意愿的对策

国内农产品质量安全认证和信息可追溯双重体系的应用滞后于国外发达国家,双重安全体系下消费者对各主体的信任与购买意愿也存在一些问题,如消费者对双重安全体系的认知水平较低,消费者对种植农户和加工企业的信任不高及消费者对可追溯无公害大米的购买意愿较高但是支付意愿有限等。为了提升消费者对双重安全体系的信任水平,转变消费者绿色、安全消费观念,推动双重安全体系的实施进程,需要发挥各方主体的协同力量。基于对江西省消费者的调查研究,本书提出以下几点对策。

(1) 加强对双重安全体系的宣传与推广力度,提升消费者认知水平。从本书的分析结果来看,消费者对无公害大米和信息可追溯体系的认知水平比较低,这不仅影响了消费者对双重安全体系的总体信任水平和对可追溯无公害农产品的购买意愿,也阻碍了江西省开展双重安全体系试点工作的开展。从本书建立的双重安全体系下消费者信任和购买意愿的理论模型来看,消费者对双重安全体系的认知情况是影响双重安全体系总体信任和购买可追溯无公害大米意愿的重要因素。所以,我国应该利用多种渠道扩大对双重安全体系的科普范围,尤其可以通过消费者接触频率较高的网络和电视来科普双重安全体系的相关知识。在发生农产品质量安全事件时,成立农产品安全事件应急处置领导小组,并着重利用消费者比较信赖的农业部、中国农业信息网、农产品行业协会、中央新闻媒体等较权威的信息发布平台，并设立专门的农产品安全事件新闻发言人，根据农产品安全事件的性质及影响程度，及时向社会准确披露事件详细信息，正确引导社会公众的舆论方向。

（2）加大对大米种植农户的技能培训力度，发展农户种植新模式。农产品安全是"生产"出来的，源头安全是保障农产品安全的前提，所以农产品根源安全管理是实施双重安全体系的关键。我国大米种植方式仍然存在农户种植分散、规模小和科学种植水平低等问题。相比一般大米的产地和安全状况，双重安全体系的实施对大米种植规模和技术有较高的标准，所以一方面应该加强对农户科学种植大米的技能和知识培训力度，定期组织并激励农户学习安全种植大米的技术和知识；另一方面应该通过土地承包、补贴和税收政策等提高农户面向更高消费群体参与双重安全体系的动力和意愿水平；再一方面应该引导农户参与大米种植规模化、标准化、企业化等发展模式，鼓励各省市县建立"农产品生产专业合作社""农户+企业""农户+安全农产品示范区""农贸市场+运销户+小农户"、休闲农业及消费者"田头直采"等多样化生产模式，形成以安全无公害大米产业为主导，以休闲农业和农产品电商为支撑的区域发展格局，保证种植农户稳定增收。最后应该加强农户使用种子、农药、肥料、兽药等重要农资的治理工作，以实名购买方式来监管高毒农药使用情况，对农户田间采取定期定点或抽查抽检等方式严格控制源头化学残留风险。坚定从源头提高农产品的安全技术水平，为建立和推广双重安全体系打好基础。

（3）加强对大米加工企业的监管力度，提升其社会责任感。大米安全是一个大工程，除了狠抓源头外，加强加工企业的监管也是关键一环。调查发现，消费者对加工企业的社会责任感信任度不高，因此要明确加工企业的责任范围，提升其行业自律意识。首先，应该立法强制规范大米加工企业的准入机制，提高大米加工企业的整体行业水平，增加安全大米加工企业的市场份额和品牌信誉，改善消费者对大米加工企业的信任状况；其次，改善加工企业参与双重安全体系的软硬件环境，政府应该加大对信息可追溯和质量安全认证技术的研发投入，开发运用更加简单、成本更低、投入时间更少的认证检测和可追溯技术，从而提高加工企业参与双重安全体系的积极性;最后,应该借鉴发达国家的立法经验,完善相关法律法规,强制并鼓励加工企业参与大米无公害农产品认证和信息可追溯双重体系,明确在双重安全体系下大米加工企业的权责范围,加大对农产品安全事件责任主体的惩罚力度。严格执行问题农产品召回制度,坚决执行在农产品安全问题上的"零容忍",使加工企业畏法而不敢犯法。改善大米在加工环节的质量安全现状,为实施双重安全体系搭建稳固的桥梁,切实保障消费者舌尖上的安全。

(4) 加快农产品质量安全认证和信息可追溯双重体系协同建设进程。从调查结果来看,消费者对无公害农产品的认知水平要高于消费者对可追溯农产品的认知水平,这从侧面反映了我国地区政府对农产品质量安全认证和信息可追溯体系的态度仍然是各行其是。事实上,农产品质量安全认证体系的实施早于农产品信息可追溯体系,实施了农产品质量安全认证的农户和加工企业已经形成了规模相对较大、标准化程度较高、生产加工技术水平较高的发展模式,这为在安全农产品中推广信息可追溯体系提供了重要的现实基础。但从实际情况来看,我国对于将双重安全体系运用于保障农产品安全的支持力度不够。要从根本上优化安全农产品的消费环境,需要进一步改善双重安全体系协同建设的政策环境;提高双重安全体系协同作用的技术水平;培养双重安全体系协同计划所需的专业人才。以形成农产品从种植、加工到流通等环节互通互信的交易模式,为全面推广双重安全体系保障农产品安全提供动力,最终实现双重安全体系的有效互补与协同合作。

(5) 建立全国性的农产品质量安全可认证亦可追溯的信息共享平台。我国应该加快建立和推广全国统一的双重安全体系,以尽快实现对所有市面上大米产品的质量安全信息全程共享,避免消费者、农户、加工、流通企业及政府等主体之间信息不对称问题,营造大米优质优价的消费环境。鼓励消费者通过信息共享平台主动查询农产品相关信息,提高消费者对双重安全体系的认知水平,促使大米供应主体自愿参与双重安全体系,并逐步减少非信息可追溯或非质量安全认证大米的市场供应,最终实现全国范围内信息可追溯安全大米的供应体系。并在实施无公害大米信息可追溯体系的经验模式上,推广至其他无公害、绿色、有机农产品信息可追溯体系建设中，提高江西省农产品整体质量安全水平，打造安全农产品的江西省样板。

5.12 本章小结

本章根据第3章和第4章研究的结论，展开信任体系的主要构成——组织机构影响的研究，选择以农产品质量安全认证为研究标的，在分别对农产品质量安全认证和农产品信息可追溯认证进行阐述之后，发现：单一的农产品质量安全认证体系或农产品信息可追溯体系在保障农产品安全方面都存在不完全性。单一的农产品质量安全认证体系强调对农产品生产基地的现场检查、对加工成分的检测及对农产品质量安全水平的测评，并不具有向消费者提供农产品从生产、加工到流通过程的相关信息。单一的农产品信息可追溯体系主要集中在对农产品的责任追溯和召回上，但是在农产品安全风险控制和管理尚存在不足。

基于消费者在信息不对称背景下，能更有效和全面地获得有效而可信任的信息的思考，提出了将农产品质量安全认证体系和农产品信息可追溯认证体系叠加的"双重安全认证体系"。并充分阐述了建立双重安全体系的必要性及分析其现实可操作性。即：农产品质量安全认证和信息可追溯双重体系在保障农产品安全的作用方式和监管效率上，可以实现双重安全体系的有效融合；在提高农产品质量安全水平上和信息对称上，可以形成相互填补、各具特质、协同合作的发展格局，可以最大限度地提升消费者对农产品安全的信任水平和提高消费者对可追溯安全农产品的购买意愿。

本章研究以江西省大米加工产业为研究对象，对"双重安全认证体系"对消费者信任与购买意愿影响进行分析，实证结果表明，消费者对双重安全体系的总体信任受消费者人口统计特征、信任倾向、双重安全体系的了解程度、大米安全的关注程度、农户信任、加工企业信任和政府职能信任等因素影响；消费者对可追溯无公害大米的购买意愿与消费者对双重安全体系总体信任高度相关。研究结论还反映了以下问题：从消费者的信任视角来看，虽然消费者对双重安全体系的总体信任较高，但是对实施双

第 5 章　农产品安全认证体系对消费者购买信心与购买意愿的影响

重安全体系涉及的种植农户、加工企业等主体的信任不高；从消费者认知水平来看，消费者对单一农产品安全保障体系认证水平较高，而对双重安全体系的认知水平非常低；从消费者购买意愿来看，消费者对可追溯无公害大米的购买意愿非常高，但是对可追溯无公害大米的溢价支付意愿较低。

最后，根据研究结论，为提高双重安全体系下消费者信任与购买意愿，应当：（1）加强对双重安全体系的宣传与推广力度，提升消费者认知水平；（2）加大对大米种植农户的技能培训力度，发展农户种植新模式；（3）加强对大米加工企业的监管力度，提升其社会责任感；（4）加快农产品质量安全认证和信息可追溯双重体系协同建设进程；（5）建立全国性的农产品质量安全可认证亦可追溯的信息共享平台。

第6章

专家信任对公众购买安全农产品行为影响的实证分析[①]

近年来,随着农产品安全事件频频发生,引发公众对农产品安全的信任危机,表现尤为突出的是公众对"专家"信任的危机。专家信任问题不是一个新的问题,而是具有历史属性的社会问题。社会中的专家信任缺失导致了资源浪费、文化断裂和社会心理的动荡等现象,已然成为社会生活秩序稳定和经济发展的巨大障碍,因而分析现阶段专家信任缺失现象产生的原因,寻找有效的解决对策,构建并重拾我国现代社会的信任机制,是当前刻不容缓的任务。事实上在高速发展的市场经济分工下,从某种意义上说我们已经进入了"专家时代",专家代表着社会精英群体的联盟,凭借专业知识和技能来获取公众的信任,由此形成了专家信任体系。然而,某些专家摒弃其职业道德与社会职责,从学术造假到作为决策群体的利益代表"专业户",使得公众对整个专家系统信任产生了严重的危机,造成公众对专家的人格、能力与权威等的质疑。如2008年奶粉事件、2013年转基因辩论事件等都是专家参与公共事件处理并引发公众对专家权威产生怀疑的典型代表。社会发展中的专家信任缺失导致了资源浪费、文化断裂和社会动荡等现象,已然成为社会生活秩序稳定和经济发展的巨大障碍。为此,本章研究拟通过第一手数据的收集,采用 Ordered Logistic 回归模型对影响专家信任的因素和专家信任对公众购买安全农产品行为的

[①] Yugui Cheng, Dan Dan Fu, Wing Fok, Lillian Y. Fok An Empirical Study of Expert Trust on Purchase of Agricultural Products in China [J]. International Journal of Diversity, Volume 2015 Issue 3: 46-71.

第6章 专家信任对公众购买安全农产品行为影响的实证分析

影响程度进行实证分析,为市场和决策者重新构建专家信任和扩大安全农产品的需求提供决策参考。

6.1 研究概述

6.1.1 关于信任的风险感知与专家信任的研究

风险感知在不同领域的理解是不同的,本研究涉及的是消费心理的研究,因此,对其解释是用来描述人们对风险的态度和直觉判断的一个概念。广义上,它也包括人们对风险的一般评估和反应。在第3章中介绍的梅耶(1995)的信任模型中,风险感知在消费者信任结果的形成中,起着至关重要的影响。消费者的行为与决策主要是基于其目标利益获得。当其期望的收益水平无法达到时,消费者就在某种意义上承担了一定的风险,这种风险就是感知风险(Bauer,1960)。当消费者担心自身知识水平及信息有限,担心购买决策后果的不确定性及出现错误决策给自身可能造成损失的严重程度,此时就是消费者的感知风险(Cox,1967)。财务风险、功能风险、身体风险、心理风险、社会风险和时间风险是感知风险的六大因素(Jacoby & Kaplan,1972;Peter & Tarpey,1975)。

对于信任与风险感知之间的关系,一般认为,信任与风险感知之间具有强相关关系。欧洲委员会就生物技术进行的公众调查,证明了信任对于公众接纳风险技术的重要性(卫莉,2006),理论上认为,公众对专家及相关机构信任程度的高低不仅影响了公众的风险认知水平,而且还直接影响到公众对风险技术的接纳。

信任结构中里存在两大类,一类是基于人格信任,人格信任依赖的是亲缘、地缘和友情,另一类是基于系统信任,货币信任和专家信任构成了系统信任;人格信任是与生俱来的,然而系统信任却是后天形成的(吉登斯,1984)。有关专家概念的描述并没有很多,查阅《新华词典》,专家是指:"对某一门学问有专门研究或擅长某项技术的人"。学术界比较公认的是社会学家吉登斯（2011）对专家的描述：专家是指能够成功地占有外行所不具备的具体技能或专门知识的人。专家的专业技能须符合科学原理，通常需经过长时间的学习及训练，并有经考试获得的"认证书"，拥有自我约束的职业操守或道德，以及可量化的专业标准（周莉，2014）。对于农产品而言，由于涉及日常生存健康，人们对专家的信任尤为关注，由于普通公众的技能和信息不足，使得专家成为权威。在我国，不断出现的食品安全事件，使得公众对农产品安全的风险感知更强烈。公众不仅要求专家"既有特定的专业人士在品行方面的可靠性，又有非专业人士所无法有效地知晓的知识和技能的准确性"。对专家的信任，除了技能和知识的信任外，还有制度性信任：一方面，专家具有可靠的品行，坚持职业伦理，对社会和客户负责。另一方面，专家拥有足够的科技知识和能力，能够提供高水平的专业服务。"普通人信任专家的能力，与其说是信任专家，还不如说是更信任他们所使用的专门的可靠性，这是某种通常普通人自己不可能详尽地验证的专业知识"（郭飞，2016）。

6.1.2 关于专家信任缺失的研究

信任最重要的影响因素是信息，而信息不对称在一定程度上也导致了信任缺失。专家信任问题不是一个新的问题，而是具有历史属性的社会问题。社会中的专家信任缺失导致了资源浪费、文化断裂和社会心理的动荡等现象，已然成为社会生活秩序稳定和经济发展的巨大障碍。对于信任危机的解释，概括而言，主要有以下三种：一种是从社会转型视角解释的，提出信任危机是由于社会转型造成的，转型期社会隐藏着与传统社会不同的信任机制；另一种是从社会政策视角解释的，认为改革开放以来，社会在与国际接轨的过程中伴生着诸多矛盾，由于社会政策层面尚未完善，导致了不稳定等因素；还有一种是从价值观视角解释的，认为随着市场经济的转向，人们的价值判断标准发生了变化，把信任当作可以交易的金钱，扭曲了信任的功能等。专家信任的缺失，只是消费者对于社会风险感知更高诉求和更深层次的一种表现。臧豪杰（2011）认为产生专家信任危机主要原因有：第一，违背求真求实求证精神；第二，成为权钱金钱的代言人；

第三，专家名号被滥用；第四，学术造假与学术功利化。刘越（2013）则认为监督机制的不健全不完善，给一些人留下了可乘之机，一定程度上造成了信任的缺失。与上述视角不同，郭飞（2016）认为公众之所以不信任专家还与"公众与专家的风险观差异"有很大关联：专家所特有的认知规范和伦理规范，使得他们通常在逻辑的层面关注问题，用学术性的话语、理性地分析事物，而公众往往更愿意直接从自己身处其中的生活感受出发，使用纯粹生存论意义上的语言描述和谈论问题，学者们试图澄清知识的同时却加重了对各种观点的评论，这可能导致对社会现象的多元化解释，使得公众面对多元知识理论无从选择，无法判断哪一种科学家的解释是对的。此外，专家和公众的风险观不同，专家可以从理论上接收一定比例的风险存在，而公众对风险的接受度则为零，尤其是对农产品安全的风险接受度。专家如果没有向人们提供完整的信息和正确的心理模型，以及风险怎样被优先控制的方案，人们可能会对于风险的放大过分焦虑，从而更加不信任专家；有关科学传播的效果的影响，本书第 3 章的研究结论也发现"朋友、电视、报纸、杂志等媒体以及政府监管"会影响消费者对有机食品可追溯信息的信任。我国近几年出现的媒体中不失的报道，尤其是崔永元与方舟子微博论战事件等新闻热点事件报道则是对专家信任提出的质疑，而公众对"转基因"食品的恐惧即是专家信任缺失的典型案例。

6.1.3 关于专家信任重拾的研究

从上述学者就专家信任缺失的分析，可以总结出，影响公众对专家信任的因素主要有：专家和公众风险认知差异性、专家与公众的知识结构的差异性、风险沟通、物质利益和促成物质利益形成的环境结构、风险管理组织机构的风险控制能力、区域文化差异、科学传播的效果等，要重拾专家信任应当围绕着这几个方面进行。由于信任作为一种历史现象，它的建立因文化的差异而随时代的发展而变化，在重建现代社会信任机制时，不仅要在理论上完善更要在实践中完成，还要立足于我国的国情，要从适合我国国情的社会制度、政府行为、道德观念等多层面切入。首先是社会信任制度机制的健全，公众对专家的依赖性、社会信用制度的不完善是可能导致专家滥用公众对其信任的潜在因素，规范社会信用控制体系和惩罚机制，专家滥用公众信任的动机就会被控制和削弱，公众做出信任选择的风险就会变小。在信息传播方面，面对新生事物和新领域的宣传报道，只有具备该领域专业知识的权威专家才能具有较强的说服力，才能让受众信服（吕瑞超，2010）；要解决两者间知识结构的差异，科学知识的普及是必要的，重塑专家信任，需要建立一个包括知识普及、科学理解、公众参与在内的整合模型（翟杰全，2008）；彼得-泰勒顾柏（Peter Taylor-Gooby，2010）提出，信任依赖于两个方面：理性和有价值。专家建议的合法性和有效性得以保证，才能获得公众对专家的信任，才能提升公众对专家意见基础上制定的政策的信任。专家致力于科学研究和专业领域，凭借专业知识融入公共事件、参与公共事务，他们需要坚守科学规范和人文价值，保持自身独立发展空间，自觉抵制不正之风的侵扰，促进专家体制的良性运转。所以相关部门应探索建立专家激励和追责的奖惩机制，对诚信属实的专家言论给予物质和精神奖励，而对于弄虚作假、不着边际的专家言论要予以追究责任，借此促进专家行为的规范化、增强公众领域中专家的可信度（陈骢、万书辉，2013）；产业发展、国家治理和社会治理都离不开专家信任。如果产业和政府想通过科学（专家）获得好处，那么，就必须尊重科学（专家）的独立性和自主性。为此，需要在政府、产业和科学中，建立各自独立、相互尊重的职业主义原则和制度。

此外，要解决信任危机问题，应当将道德建设与政治、经济体制改革紧密结合起来，将信任水平提升作为一个社会系统工程，要特别重视制度设计而不能仅靠道德说教（董建军，2010）。

由于专家信任危机影响并非是孤立的，它会转移到公众对政府、媒体、企业，乃至于波及整个社会，而成为整个社会的信任危机，因此研究专家信任对社会的安定、人们的生活具有不可估量的作用。而农产品质量安全又是全民关注的重中之重，当前，在公众谈"转基因"色变，避"农药"远之的情况下，仍然要依赖专家去普及产品知识。已有的文献立足于社会学视角已经对专家信任做了较全面的研究，为本书的研究奠定了很好的理论基础，本书将应用这些理论基础，以消费者信任与行为为研究视角，进一步探讨专家信任对消费者购买安全农产品行为的影响和作用。

6.2 研究假设的提出

6.2.1 专家信任对安全农产品购买行为的影响分析

公众购买安全农产品行为的影响因素在国外文献中已经有了较全面的阐述，随着我国人们生活水平的提高，社会复杂程度的增加，影响消费者购买行为的因素，不再局限于收入、价格等经济学因素，而近几年农产品安全事件频发而导致的严重信任危机对购买行为的影响作用也日趋增强，我国著名学者郑也夫提出信任的三大结构是人格、货币和专家，而对专家系统信任的评价包含了科学知识、文凭和同行专家的评议。信任的基础是知识，公众对专家的信任基础是专家知识，专家频频卖弄专业知识造成不良的社会影响，如个别专家发表关于转基因农产品与事实不符的言论，导致公众对专家的信任程度下降，导致公众一度对转基因农产品的恐慌。在当今的网络媒体时代，专家通过网络媒介发表言论的影响力已经渗透到公众生活的各个方面；公众是社会人，只有当专家的服务有利于社会公众利益时，公众才会选择相信他们。

本书将上述观点运用于专家信任对消费者农产品购买行为的研究中，提出如下假设：

H1：专家信任对公众购买安全农产品的消费行为具有显著影响，其中公众对专家的信任程度越高，则公众购买安全农产品的消费行为越积极，反之越消极。

6.2.2 专家信任的影响因素分析

专家在公众决策中扮演着重要角色，为公众提供有价值的、专业的建议或意见，但由于某些专家的个人问题和社会体制等问题而引发了公众对专家的信任危机，严重影响了社会的和谐发展。公众与专家的信任互动是一个理性选择过程，专家信任危机的主要原因包括：专家被政府特色化、市场上各主体的失范、专家个人品质问题和公众认知变化等。从受信任者所处的社会环境来看，公众对相关主体的信任不仅受到传统文化、经济等因素的影响，还受到公众受教育水平、公众对相关知识的认知程度、公众的信仰、性格、收入等个体特征的影响；此外，道德约束机制和完善第三方监管制度能够改善专家系统信任。

以上文献从理论层面对专家信任影响因素做了较好的阐述，但却未能对这些影响因素的重要程度进行量化，本书认为掌握专家信任对公众消费决策的关键影响因子可以有针对性地采取相应措施。结合相关文献，可以将影响专家信任的因素归纳为以下七大维度：一是专家的能力；二是专家的信誉；三是第三方的认证和评价；四是公众的理性计算；五是公众的个人信任倾向；六是公众的社会特征；七是公众对安全农产品的认知程度，并提出以下假设：

H2：专家的信誉对专家信任具有显著影响，并且专家的信誉越高，则公众对专家的信任程度也越高，反之越低。

H3：专家的能力对专家信任具有显著影响，并且专家的能力越强，则公众对专家的信任程度越高，反之越低。

H4：公众对安全农产品的认知程度对专家信任具有显著影响，并且公众的认知程度越高，则公众对专家的信任程度也越高，反之越低。

H5：公众的理性计算对专家信任有显著影响，并且公众的理性计算越利己，则公众对专家的信任程度越高，反之越低。

H6：公众个人信任倾向对专家信任有显著影响，并且公众越信赖他人，则公众对专家的信任程度越高，反之越低。

H7：第三方机构对专家信任具有显著影响，并且第三方机构评价越正面，则公众对专家的信任程度越高，反之越低。

综上所述，专家信任与消费者购买安全农产品行为、影响专家信任七大维度的理论模型如图6-1所示。

第6章 专家信任对公众购买安全农产品行为影响的实证分析

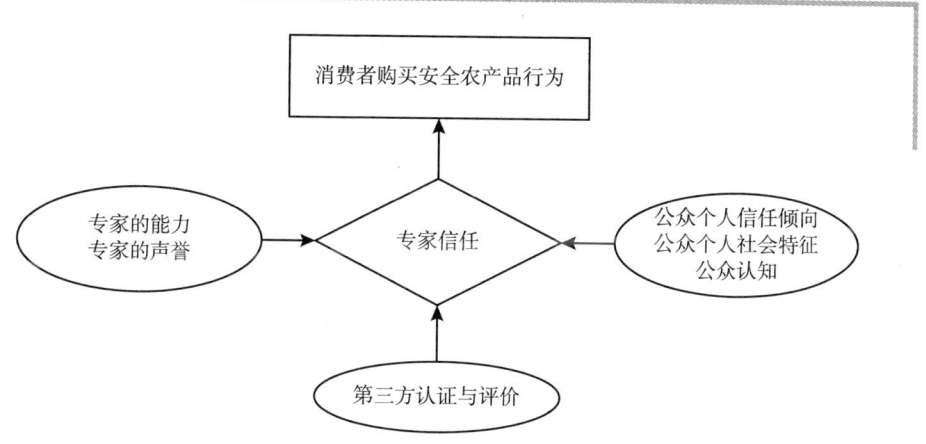

图 6-1 专家信任与消费者购买行为关系的理论模型

6.3 数据分析和研究方法

6.3.1 数据获取及变量设置

本次调查主要采用实地调查和网络问卷调查法，调研过程共收回398份（包括实地调研收回180份和网络调查收回218份）问卷，有效问卷372份，有效率达93.3%。其中调查消费者个体特征的内容包括：消费者性别、学历、年龄、职业、收入、有无未成年人员。考虑到现代社会越来越多的男性承担家务与烹饪责任，所以样本中男性与女性的比例相差不大；学历从高中及高中以下至博士研究生分布不等；本研究采用了线上与线下结合调研，网络调研为主，考虑国内互联网用户偏年轻化，26~35岁年龄段的调查对象占42.5%；从事政府机关、事业单位工作或是专家及高新技术人员所占的比例为18.8%；被调查对象的收入分布主要集中在1000元以上；被调查对象家中有未成年人员占66.4%（如表6-1所示）。

表6-1　　　　　　　　　调研对象人口特征

变量名称	特征项	特征值	比例（%）
性别	男	178	46.9
	女	194	53.1
教育	高中及以下	48	12.9
	大专	103	27.7
	本科	128	34.4
	硕士	74	19.9
	博士及以上	19	5.1
年龄	26岁以下	91	24.5
	26~35岁	158	42.5
	36~45岁	76	20.4
	46~55岁	36	9.7
	55岁以上	11	3.0
职业	学生	97	26.1
	政府机关或事业单位工作人员	54	14.5
	民营企业工作人员	82	22.0
	专家及高新技术人员	16	4.3
	离退休人员	23	6.2
	个体工商户	41	11.0
	其他	59	15.9
收入	1000元以下	102	27.4
	1000~3000元	158	42.5
	3001~5000元	117	31.5
	5001~7000元	71	19.1
	7000元以上	24	6.5
未成年人	有	247	66.4
	没有	125	33.6
	合计	372	100

第6章 专家信任对公众购买安全农产品行为影响的实证分析

另外，调查数据显示37.2%的公众对专家持非常不信任和比较不信任的态度，只有14%的公众对专家持非常信任和比较信任的态度，另外4.3%的公众比较愿意和非常愿意购买安全农产品，而没有公众选择非常不愿意和比较不愿意购买安全农产品。从该数据中可以看出，公众对专家的信任程度普遍不高，但对安全农产品的购买意愿非常强，该结果显示了在专家信任危机的背景下，研究公众购买安全农产品行为的重要性。

自变量的选取综合参照了以往学者的研究成果，结合专家信任和公众购买安全农产品行为时的特征，本书对专家信任、公众对安全农产品的购买行为和影响专家信任的七大维度设计了43个测量问题（见附录4）。变量（除公众特征变量外）的名称、测量问题、测量的信度和均值如表6-2所示。

表6-2　　　　　　　　　　变量的名称和均值

变量的名称	修正后的测量问题	修正后的 Cronbach's α 系数	均值
安全农产品的购买行为	农产品质量的关心程度 安全农产品购买意愿 农产品的质量安全监管 对专家的态度	α = 0.786	3.098
专家信任	专家技能要精通于非专家技能 愿意听取专家建议 专家的知名度	α = 9.333	3.015
专家信誉	专家的信誉 专家的口碑 专家预测的态度	α = 0.834	3.902
专家能力	专家预测的准确度 专家处理事件的效率 处理结果的满意度 减少专家失信	α = 0.903	2.235
第三方机构	关注第三方认证 第三方认证的专家更可信 大多数人言行一致	α = 0.815	3.471

续表

变量的名称	修正后的测量问题	修正后的 Cronbach's α 系数	均值
个人信任倾向	与陌生人相处最好谨慎 人性是善良的	α = 0.876	3.431
理性计算	专家失信程度 农业专家信息的了解程度 损害消费者利益程度	α = 0.759	3.588
对安全农产品的认知	安全农产品的了解程度 安全农产品的辨别能力 安全农产品的购买经验 获得安全农产品信息的渠道	α = 0.923	2.809

6.3.2 模型设计

通过 SPSS 18.0 对问卷的信度、效度和相关系数进行检验和分析，剔除部分变量和排除多重共线性变量。专家信任的 4 个测量问题之间的相关系数矩阵显示，总体上公众对专家的信任态度与其他三个测量问题之间相关系数最小值为 0.613，最大值为 0.887。因此，本书只保留公众总体上对专家的信任程度来衡量专家信任，并把公众总体上对专家的信任程度分为 5 个等级：即非常不信任 = 1，比较不信任 = 2，中立态度 = 3，比较信任 = 4，非常信任 = 5。五个等级反映了信任的增加趋势，故在选取模型上采用了多元有序（Ordered Logistic）回归模型。多元有序回归模型的方程表达式为：

$$y^* = \beta_0 + \sum_{k=1}^{n} \beta_k x_k + \mu \qquad (6-1)$$

式（6-1）中，y^* 表示研究中的被解释变量——总体上公众对专家的信任程度，β_0 为截距参数项，β_k 为解释变量 x_k 的系数项，μ 表示随机误差项，k 表示解释变量的个数。

6.4 结果与分析

6.4.1 影响专家信任程度的因子分析

本书对影响专家信任的26个测量项进行适合性检验,分析结果显示,变量间的相关系数 KMO = 0.758,进行的 Bartlett 的球形度检验近似 χ^2 值 = 1153.365,显著性水平 sig = 0.000(P 值 = 0.000 < 0.05),说明影响专家信任因子的测量项非常适合做因子分析。本书中,我们利用主成分分析方法对影响专家信任的各个测量项进行因子分析。这种方法是将特征值大于1的因子保留,通过方差最大正交旋转提取7个公因子,并分别命名为:"公众特征""专家信誉""专家能力""公众个人信任倾向""公众对安全农产品的认知""公众的理性计算""第三方机构"。提取的公因子特征值大小、方差贡献率和累计方差贡献率如表6-3所示。

从表6-3中的7个公因子的方差表中可以看出,这7个公因子的累计方差贡献率达到了75.397%,即总体的75.397%的内容可以用这7个公因子来解释,因此,我们将这7个公因子替代原来的26个测量变量来解释影响专家信任的因素。

表6-3 方差最大化旋转后的七大公因子

公因子名称	特征值	方差贡献率(%)	方差累计贡献率(%)
专家信誉	5.447	17.041	17.041
专家能力	4.843	13.906	30.947
公众特征	3.579	12.918	43.865
公众个人信任倾向	2.358	11.604	55.469
公众对安全农产品的认知	1.862	8.153	63.622
公众的理性计算	1.305	6.723	70.345
第三方机构	1.076	5.052	75.397

6.4.2 基于 Ordered Logistic 回归模型对专家信任影响因素的分析

通过上述的理论假设和主成分分析，将前述 7 个公因子代替原有的 26 个测量变量进行多元有序回归分析。并将总体上公众对专家的信任程度设置为因变量 y^*，将公众特征、专家信誉、专家能力、公众的个人信任倾向、公众的理性计算、公众对安全农产品的认知和第三方机构 7 个因子设置为自变量 x_{nk}，共有 372 组有效数据，即 n = 1，2，3，…，372，k = 1，2，…，8。根据 SPSS 18.0 系统中的多元有序回归模块整理输出结果如表 6-4 所示。

表 6-4　影响专家信任程度的多元有序回归模型估计结果

变量	系数	标准误差	Wald 值	显著性	95% 置信区间 下限	95% 置信区间 上限
信任程度 = 1	-2.695	0.189	78.496	0.000	-3.073	-2.318
信任程度 = 2	-0.639	0.231	120.762	0.000	-1.101	-0.176
信任程度 = 3	1.846	0.429	69.315	0.000	0.989	2.705
信任程度 = 4	2.473	0.138	50.618	0.000	2.196	2.748
信任程度 = 5	3.625	0.357	119.214	0.000	2.912	4.339
专家信誉	0.724	0.134	24.623	0.016	0.457	0.992
专家能力	0.637	0.221	17.337	0.020	0.196	1.079
公众特征	0.225	0.121	3.215	0.671	-0.018	0.465
个人信任倾向	0.147	0.165	1.739	0.329	-0.183	0.478
安全农产品的认知	0.163	0.183	1.358	0.064	-0.204	0.529
公众的理性计算	0.268	0.239	3.457	0.032	-0.210	0.746
第三方机构	0.619	0.127	8.267	0.000	0.365	0.873
预测准确值			91%			
-2 对数似然值			847.365			
Nagelkerke R^2			0.931			
卡方检验值			45.550			

从表 6-4 可以看出，公众社会特征、个人信任倾向和公众对安全农产品知识的认知的显著性水平分别为 0.671、0.329、0.064，故可认为在显著水平上，这三个变量对专家信任没有显著影响，即公众社会特征、个人信任倾向和公众对安全农产品知识的认知对专家信任没有统计学意义。其他因子的显著性水平均小于 0.05，故认为专家声誉、专家能力、公众的理性计算和第三方机构对专家信任具有显著性影响，而且专家的声誉、公众对专家处理农产品安全问题结果的满意度、法律对失信专家的惩罚力度和第三方机构的监管力度等是影响公众对专家的信任程度的关键因子。

从表 6-4 的回归分析结果还可以总结出以下结论。

（1）专家的信誉对专家信任具有重要影响，并且专家的声誉越好，公众对专家的信任程度越高；反之则越低。

（2）专家能力对专家信任具有显著影响，其中专家对农产品安全事件的处理结果越让公众满意，则公众对专家的信任程度越高；反之则越低。

（3）公众的理性计算对专家信任具有重要影响，其中专家给社会带来的正面影响程度越大，则公众对专家的信任程度就越高；反之则越低。

（4）第三方机构监管对专家信任具有重要影响，其中第三方机构监管方式越公正、透明，就越能够减少专家失信行为的发生，并且公众对专家的信任程度就越高；反之则越低。

（5）公众的社会特征、公众的个人信任倾向和公众对安全农产品的认知对专家信任的影响都不显著。对此，可能是由于以下两种情况导致的：第一，目前公众对安全农产品的概念和特征的认知普遍较低，并且公众获取安全农产品信息的渠道比较狭窄，导致影响因素不显著；第二，由于专家是一个特殊的社会群体，可能存在样本选择及数据收集上的不够准确，如何获得更有效的数据，这有待于后续进一步探究。

6.4.3 专家信任对安全农产品购买行为的影响分析

通过 SPSS 19.0 的数据分析，将总体上公众对专家的信任态度的测量指标来衡量公众对专家的信任程度，公众对安全农产品的购买意愿测量指标来衡量公众对安全农产品的购买行为（公众对安全农产品的购买意愿指标与其他两个测量指标的相关系数最小值为 0.893，最大值为 0.941。）。故选择一元线性回归模型对其进行分析。一元线性回归模型的表达式为：

$$y = \beta_0 + \beta x + \mu \qquad (6-2)$$

式（6-2）中，β_0 表示回归常数，β 表示回归系数，μ 表示随机误差项，x 表示自变量——公众对专家的信任态度，y 表示因变量——公众对安全农产品的购买意愿。

通过 SPSS 19.0 对上述 372 组有效数据进行统计。一元线性回归结果如表 6-5 所示。

表 6-5　专家信任影响公众购买安全农产品行为的回归结果

自变量	调整 R^2	系数	标准误差	t 值	德宾-沃森检验	Sig
专家信任	0.7940	0.4060	0.2310	16.3280	1.8274	0.0420

从表 6-5 的回归结果可以看出，调整后的 $R^2 = 0.794$，说明在该回归方程中因变量 y 的 79.4% 变化量能由 x 来解释。还可以看出专家信任对公众对安全农产品的购买意愿具有显著性影响（$P = 0.042 < 0.05$），并且专家信任对安全农产品购买意愿具有正向影响（$\beta = 0.406 > 0$）；即公众对专家越信任，则公众购买安全农产品的意愿越强，公众购买安全农产品的行为越积极。

6.5 结论与政策建议

根据对以往文献的研究与分析，本书总结和新增了影响专家信任的因子，通过问卷调查取得数据将影响专家信任的因子进行量化，但是与以往学者的理论研究不同的是，通过 Ordered Logistic 模型进行回归分析，公众的社会特征、公众对安全农产品知识的认知和公众的个人信任倾向对专家信任并没有显著性影响。分析其中的原因可能为：第一，在变量的测量项目方面，测量项目不够准确或者对自变量的设置方面不够全面。第二，在问卷发放区域方面，实地调研部分针对的大众主要是南昌市居民，南昌是一个居于二线至三线之间的城市，公众对某些知识的认知可能存在偏差，导致结果存在较大差异。据此，可提出如下相关建议。

（1）公众的理性计算结果对专家信任具有显著影响，可以通过两个途径来改善公众的理性计算值：一是完善对失信行为的法律建设，尤其是加强对专家失信行为的惩罚力度，利用法律对专家行为进行外部约束；二是加强专家的道德意识观，加强对所有公民的诚信教育，形成道德内部约束。

（2）第三方机构的监督与评价对专家信任具有显著影响，重视建立和完善第三方机构，第三方机构能够有效地增强专家能力和监督专家行为，故可基于第三方监管机构建立对专家信用的评价体系，从而促使专家保持诚信作风的意愿；同时充分发挥媒体作为专家传递信息的主要桥梁作用，尤其是发挥权威媒体对树立专家良好形象的模范带头作用。

（3）专家信任对公众购买安全农产品的行为具有显著的正向影响，发展安全农产品市场，首先需要加强公众对安全农产品的了解，进而促进公众对安全农产品的绿色购买需求，其次通过改善公众对专家的信誉感知程度、提高专家能力、加强对专家行为的监管力度、扩大对安全农产品知识的科普范围、发挥媒体对专家的舆论监督等作用，重建和维持公众对专家的信任，激发公众对安全农产品的购买行为，促进安全农产品市场可持续健康发展。

6.6 本章小结

专家是指能够成功地占有外行所不具备的具体技能或专门知识的人，是普通大众在对某个领域缺乏一定了解而依赖的对象，是在某些领域具有相当话语权的"意见领袖"，公众在信息的获取中，很多都依赖于专家。然而，近年来，随着一系列农产品（食品）安全事件的发生，公众对专家的信任产生了怀疑，甚至是视专家为"砖家"，重拾专家信任既有利于提升公众对知识和技能的尊重，也有利于公众对整个政府和社会的信任。

本书基于消费者视角，运用 Ordered Logistic 回归模型探索专家信任对公众购买安全农产品行为的影响，分析影响专家信任的关键因子。研究结果表明：第一，专家的声誉越好，专家处理农产品安全事件结果让公众满意度越高；第二，第三方机构对专家的监督越公正、透明，法律对失信专家的惩罚力度越大，则公众对专家的信任程度越高；第三，专家信任对公众购买安全农产品行为具有显著的积极影响。

在研究结论的基础上，本书提出了相关建议。

（1）由于公众的理性计算结果对专家信任具有显著影响，可以通过两个途径来改善公众的理性计算值：一是完善对失信行为的法律建设，尤其是加强对专家失信行为的惩罚力度，利用法律对专家行为进行外部约束；二是加强专家的道德意识观，加强对所有公民的诚信教育，形成道德内部约束。

（2）基于第三方机构的监督与评价对专家信任具有显著影响，应当加强第三方机构对专家的评价体系建设。由于第三方机构多为非营利组织，政府应当给予有资质能力的第三方机构发放相关证书，以保障第三方机构监督的有效性和权威性，必要时应当给予法律上的保护。

（3）基于专家信任对公众购买安全农产品的行为具有显著的正向影响，说明公众对于专家依然是认同和依赖的，这就要求在专家的甄选上，专家的农产品知识水平、个人道德素养、与公众沟通能力能多方面进行全方面考量，同时，还应当在农产品信息传播中，以严谨和诚实的态度，将有关农产品的信息传播给公众。

第7章

基于第三方监管机构的可追溯安全农产品信任博弈[①]

7.1 引言

本书第 5 章和第 6 章分别对第三方认证机构、专家信任对安全农产品信任的影响进行了探讨，并认为第三方监管在第三方认证机构和专家工作的有效性保障中起着至关重要的作用。

然而，现实中，由于利益的冲突，农产品生产加工运营方和监管机构的"猫和老鼠"的游戏一直在上演。为了实现和保证我国农业能健康发展，如何使各方协力发展，构建各方的信任是根本。大数据时代，信息技术已渗透到人们生活的各个方面，尤其在保障食品安全方面，如农产品安全认证技术、RFID 标签识别技术、北斗卫星导航全球定位系统等为人们提供了更高水平的信息服务。政府或相关部门已经实施信息可追溯体系和质量安全认证体系以提高市场资源配置效率，保障消费者的农产品安全。

可追溯安全农产品销售企业可以通过信息可追溯与安全认证双重体系将农产品的质量安全信号有效地传递给消费者，确保农产品的安全与保障消费者的权利。国内外学者目前集中研究了信息可追溯和安全认证单一体系对消费者购买农产品行为的影响，本书第 4 章也探讨了双重认证的必要

[①] 程玉桂，付丹丹. 基于第三方监管机构的可追溯安全农产品信任博弈 [J]. 南昌航空大学学报（自然科学版），2016.5.

性。也有学者实证了消费者更愿意购买多重安全属性的农产品,并且愿意为之支付溢价。

现实中,在买方与卖方的交易过程中,一般卖方比买方拥有更多关于产品的质量信息,即在信息不对称的状况下,质量优质的产品遭到劣质产品的驱逐与取代,进而导致交易主体的"逆向选择"行为,使得市场上资源配置无效、市场失灵(Akerlof,1970)。信息可追溯体系和安全认证体系作为信号传递的工具有效地解决了市场上的逆向选择问题,并且能够实现帕累托最优的交易。同时,建立负责信息可追溯与安全认证双重体系的第三方机构,可以对可追溯安全农产品的销售企业进行信用评价,有助于声誉较好的销售企业形成品牌效应,促进消费者重复购买。

关于消费者购买安全农产品的影响因素,国内外学者已经进行了深入的研究。一方面,消费者的个体社会特征、支付意愿、认知水平、购买经验、农产品安全事件与信任倾向等会影响其对可追溯安全农产品的购买;另一方面,市场上缺乏对农产品供应主体的惩罚强制约束和激励机制,导致了某些个体的败德、机会主义及违法行为等,并最终导致消费者对可追溯安全农产品信任问题的恶性循环。而且由于外部强制约束并不能迫使供应链主体做出消费者希望的行为,而通过激励机制能够诱使主体采取消费者希望的行动(张维迎,2012)。由此,利用系统动力学 Vensim PLE 软件可以构建信任增长上限基模结构图(如图 7-1 所示)。

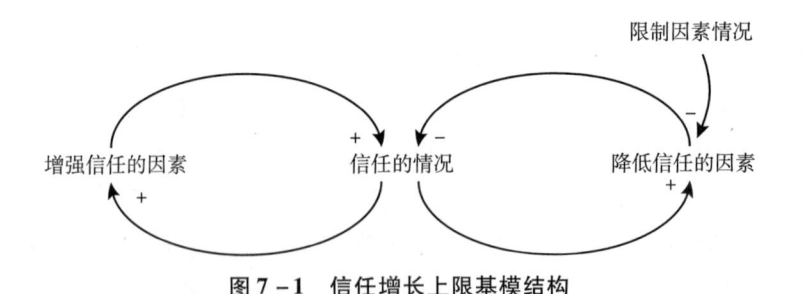

图 7-1 信任增长上限基模结构

国内外已经有很多学者发现在不完全信息情况下,消费者信任对购买行为具有显著影响,但一般停留在消费者信任与购买行为的相关性分析上,并没有深入分析消费者信任内在形成机制与消费者信任如何优化资源配置的问题。信任是有效解决风险问题的方法，它可在不完全信息情况下降低交易双方的成本，使双方获利（郑也夫等，2003）。信息可追溯与安全认证双重体系实施时间较短、普及范围较窄，对于大多数消费者来说，可追溯安全农产品是一个新的概念，以可追溯安全农产品为研究对象为学者提供了一个新的视角，有较强的实际意义。本书基于监管信息可追溯与安全认证双重体系的第三方机构背景下，以可追溯无公害农产品为研究对象，构建消费者与可追溯安全农产品销售企业之间的信任进行博弈模型与信用评价模型，深入探讨消费者对销售企业信任的形成机制与决策模型选择问题，为销售企业建立消费者信任与制定营销策略提供借鉴范式。

7.2 相关理论及研究概述

7.2.1 第三方监管机构

食品监管在美欧日发达国家早已经有一整套非常缜密的体系，我国1979年出台了《中华人民共和国食品卫生管理条例》。于1983年推出了《中华人民共和国食品卫生法（试行）》。1995年颁布了《中华人民共和国食品卫生法》。这些法律与法规基本上是基于食品的卫生管理条例，且有些条例缺乏可操作性。在对于食品安全监管的指导上，《食品卫生法》对于执法主体的责任范围的认定并不明确，没有明确各部门的管理范围，形成了食品安全多头管理的状况（何猛，2012）。2009年，国务院提出食品信息必须透明化，食品可追溯体系开始运行，现状已经普遍用于食品的监管中，但其中标识的信息是否真实，谁来监管，有没有法律法规来保障体系的实施，法律法规的实施能否落实等，是可追溯体系实施中必须解决的问题。显然，行业协会、第三方检验机构和新闻媒体是企业和政府监管之外的第三方监管，将在保证农产品的安全中起着重要的作用。本书根据可追溯农产品、安全认证农产品与一般第三方机构职能的综合特点给出了第三方监管机构的定义和服务流程图。

(1) 负责信息可追溯与安全认证双重体系的第三方监管机构：是指对消费者与可追溯安全农产品销售企业的交易行为进行监督与管理的中立机构，能够对销售企业的农产品进行安全认证与信息追溯，拥有标准化的专业技术对农产品进行安全检测与对农产品信息流进行追踪，在发生农产品安全事件后，惩罚事件责任主体，并对其信用与安全级别进行评估，是提高交易主体信任程度的会员机构。

(2) 第三监管机构的参与会员：指在安全农产品交易中的消费者 A 与销售企业 B，假设会员只有两种行为：诚信与欺诈。

(3) 第三方监管机构的服务流程如图 7-2 所示。

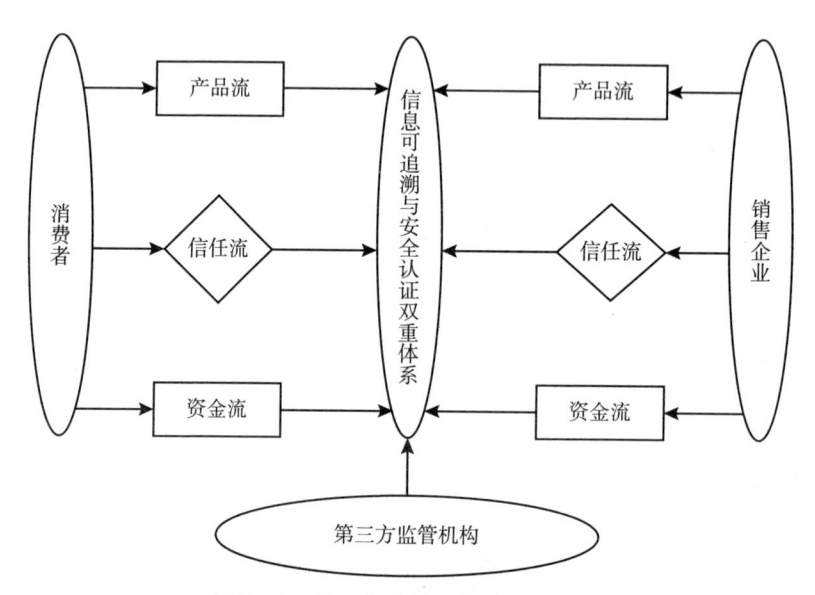

图 7-2　第三方监管机构的服务流程

说明：根据可追溯农产品、安全认证农产品与一般第三方机构职能的综合特点给出第三方监管机构的定义和服务流程图。

7.2.2　信任博弈及研究

博弈论对信任的研究是构建在理性人（通常是"有充分和有序的偏好，完备的信息和无懈可击的计算能力"）假设之上的。"囚徒困境"假设博弈双方都是理性的，双方在个人利益最大的原则下，都没有采取合作

第7章 基于第三方监管机构的可追溯安全农产品信任博弈

的行为,而是采取了坦白策略,这个结果并没有建立起信任关系形成合作。却可以通过利益分配的改变来促使双方形成合作关系,这就是重复博弈模型,信任关系是参与人在交往过程中多次重复博弈,保证持续发展和维护各自声誉而构建起来的(Axelrod,1984)。

由于信息的不对称使得信任与不确定和风险紧密相连,"当我们不能完全控制未来的事件时,只要那些事件是人为的,信任将成为我们的凭借"(什托姆普卡,2005),所以,信任的本质是有限理性和不完全信息的。美国的著名经济学家阿克洛(1970)在分析柠檬市场的作用机制中提出,信息不对称是指某参与人拥有其他参与人所不具备的信息,信息不对称的两种类型为道德风险和逆向选择,签约后的机会主义是道德风险;签约前的机会主义是逆向选择。在不完全信息条件下,机会主义的两种表现形式为隐藏行动与隐藏信息,也就是说道德风险与逆向选择,是不信任产生的两种原因,如图7-3所示。

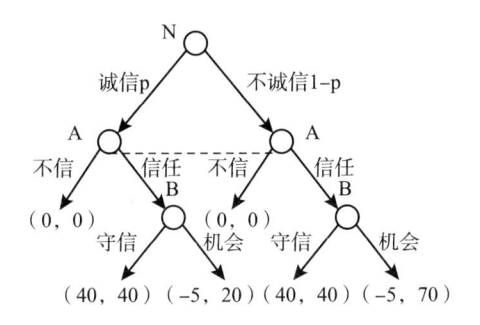

图7-3 参与人A与B的博弈树

参与人为A、B,在不完全信息条件下,A不知道B的诚信与否。当B为不诚信类型时,B选择机会主义则获得的收益为70;当B是诚信类型时,B选择机会主义则获得的收益是20,这是因为B是诚信的人,当他欺骗别人时,他的心里会感到不安。当A采取信任策略时,B若是诚信的,他会选择守信;B若是不诚信的,他会采取择机会主义策略;A信任时,获得期望收益$40p-5(1-p)$,A不信任时,收益为0。当$40p-5(1-p)>0$时,A会采取选择信任策略。即只有$p>1/9$时,A才会信任

B，否则就不会信任。

在我国，学者张维迎（2002）最先将重复博弈、惩罚、计算、法律、产权保护、企业作为信誉载体等概念植入信任或声誉分析的学者，他认为：与法律相比较，声誉机制是一种低成本的保证交易秩序的机制；此外，学者王愚、徐春林、达庆利（2007）探究了利他、公平、信任三项因素对博弈过程中合作的影响程度，双方参与人经过不断学习和调整策略，会形成合作；臧旭恒、高建刚（2007）构建了不完全信任动态博弈模型，在多人互动的条件下，信任主要受博弈中信任者人数比例的影响；胡石清、乌家培（2009）则基于信任的有限理性或不完全信息，通过突破经济学的理性假设，建立了一个基于个体的自利理性和社会理性的博弈分析框架。

近年来，我国学者开始将博弈理论运用于农产品信任中的研究中，代表性的有：王晓平等（2013）对农产品可追溯制度下企业与农户行为进行了博弈分析，得出结论：从长期合作发展的角度，不论是农户还是参与农产品流通的企业，都会主动或者被动地按照农产品可追溯制度的要求，提供对农产品进行追溯所需要的各种信息，并且按照协议约定的方式进行合作，从而保障整个农产品供应链的长期、稳定发展。在农产品安全监管研究中，左伟（2011）从博弈论角度分析我国食品安全中的监管问题，建立和分析了地方监管部门与中央监管部门的博弈模型；雷勋平等（2016）更是采用系统工程技术对食品行业行为监管进行了演化博弈分析；在第三方监管对食品安全博弈分析中，张国兴（2015）通过构建演化博弈模型分析了第三方监督对食品企业与政府监管部门行为的影响机理，提出第三方监管对于政府监管部门的监督作用具有一定程度上的替代性，强化第三方监督有助于促使政府监管部门加强监管以及改善企业食品安全治理；谢康等（2016）通过演化博弈模型分析了行业协会参与食品安全社会共治的条件，认为在现有监管体制下行业协会是否可以发挥作用，取决于政府的监管空间以及行业协会能力的大小。

综上所述，农产品安全监管已经成为学者们目前的研究重点，但研究的视角均未能将消费者纳入为主体。本书将在最基本的博弈假设基础上，对消费者、企业和第三方监管机构进行三方博弈分析。未来的研究将会以多学科的技术手段、多方面参与人为博弈分析，相信本研究将为后期的研究提供一定的基础。

7.3 可追溯安全农产品的信任博弈模型构建

7.3.1 基本假设

为方便分析可追溯安全农产品的交易主体的信用博弈，本书做出以下经济基本假设：

(1) 消费者与可追溯安全农产品的销售企业都是完全理性的；
(2) 消费者与企业之间的交易是基于完全信息情境下做出的决策；
(3) 双方的交易模式只有两种情况即：诚信与欺诈。

7.3.2 参数假设

信任博弈的参数设置：可追溯安全农产品的消费者称为 A，将可追溯安全农产品的销售企业称为 B；在每次可追溯安全农产品交易过程中，C_t 表示消费者在第 t 次交易后对可追溯安全农产品的信任系数，设消费者对可追溯安全农产品的初始信任倾向 $C_0 = a$，即 $t = 0$；c_t 表示企业 B 与消费者 A 单次交易信用值，用简单的累加来计算企业 B 与消费者 A 在下一次交易中的信用系数，则 $C_{t+1} = C_t + c_t$；$f_A(C_t)$ 与 $f_B(C_t)$ 表示消费者 A 与企业 B 者在第 t 次交易时加入第三方监管机构的会费；S_t 表示消费者 A 与企业 B 在第 t 次交易时获得的可追溯安全农产品交易收益（此处收益并不单指经济收益，也包括交易主体获得的社会收益等）；P_t 表示消费者在第 t 次交易时购买可追溯安全农产品的价格；η 表示交易双方每成交一次交易时，第三方监管机构向销售企业收取的提成比例；G_t 表示第三方监管机构的收益，包括第三方监管机构没收欺诈会员的初始会费和收取销售企业每笔交易的提成，即 $G_t = f_A(C_t) + f_B(C_t) + \eta S_t(P_t, C_t)$。

可见，消费者 A 与企业 B 交易是否成功受到消费者对可追溯安全农产品的信任系数的影响,因此消费者在购买可追溯安全农产品时会参考公众对可追溯体系与安全认证体系的信用评价,正面的信息反馈可以增加企业 B 的收益,而负面的信息反馈则会降低信任系数从而降低收益。即:

$\frac{\partial f}{\partial C_t} > 0$ 且 $\frac{\partial S_t}{\partial C_t} > 0$,则 $\frac{\partial G_t}{\partial C_t} = \frac{\partial f_A}{\partial C_t} + \frac{\partial f_B}{\partial C_t} + \eta \left(\frac{\partial S_t}{\partial C_t} \right) > 0$。

7.4 第三方监管机构下可追溯安全农产品参与主体的信任博弈

7.4.1 可追溯安全农产品的消费者 A 与企业 B 的交易机制

基于信息可追溯与安全认证的第三方监管机构的农产品交易机制是一个动态的管理机制,从农产品交易时间上分为交易前的生产管理、交易中的销售管理和交易后的奖惩机制管理等。

首先假设从第 0 次交易开始（t=0）,将交易过程分为五个部分:

(1) 交易前,即消费者 A 加入第三方监管机构时的加盟费 $f(C_0) = f_A(a)$,随后如果没有发生第三方监管机构将其除名,可享受终身会员,无须再交;销售企业 B 加入第三方监管机构时的加盟费等于初始加盟费与以后每笔交易的提成额,即 $f_B(C_t) = f_B(a) + \eta S_t(P_t, C_t)$。

(2) 交易时,消费者 A 与企业 B 形成如表 1 的信任博弈模型。在双方交易过程中,假如企业 B 选择诚信交易,消费者对可追溯安全农产品的信任系数增加 c_t;如果企业 B 选择欺诈交易,但是负责安全认证与信息可追溯的第三方监管机构能够使得消费者获得赔偿（包括销售企业 B 提供的赔偿与第三方监管机构的赔偿）,消费者对可追溯安全农产品的信任系数也增加 c_t;但是如果消费者没有获得赔偿,则消费者对可追溯安全农产品的信任系数减少 c_t。

(3) 交易后,如果消费者 A 与企业 B 中有一方欺诈,则可以向第三方监管机构申诉,设申诉的成本 U（若为负责信息可追溯与安全认证体系的第三方监管机构主动查出的欺诈行为,则 U=0）。如果查出欺诈方故意采取欺诈手段，则由第三方监管机构向被欺诈方给予赔偿 I，并且要求欺诈方向第三方监管机构支付赔偿费用 I，如果欺诈方不满意赔偿结果，可继续上诉。需要保证 I 不能小于被欺诈方所受到的损失与向第三方监管机构申诉的成本之和，即 $I \geqslant \lambda h_t + U$，以保障被欺诈方的收益为正。如果调查结果为消费者 A 与企业 B 双方都欺诈，则消费者 A 与企业 B 都需要向第三方监管机构支付 I。

（4）如果欺诈方拒绝上述赔偿，则第三方监管机构可以将其列入交易机制的黑名单，并且在第三方监管机构的信息平台公布欺诈方的行为信息，也可上升为法律强制手段解决纠纷。若欺诈方同意赔偿结果，则仍然是第三方监管机构的会员，认为其是诚信的交易主体，并且不会影响其以后的交易。

（5）交易会员退出第三方监管机构，如果会员是正常主动退出机构可全额返还加入时缴纳的会费；而如果是因欺诈等行为被机构除名而除名的，第三方机构有权没收其初始会费。

7.4.2 基于第三方监管机构的信任博弈模型

当不存在第三方监管机构时，如果可追溯安全农产品销售企业与消费者之间进行一次交易时，交易主体必然选择（诚信，欺诈）作为最后决策，即欺诈方获益，而被欺诈方损失；如果可追溯安全农产品销售企业与消费者之间进行 t 次交易时，交易主体必然选择（欺诈，欺诈）作为双方的最优决策，即交易双方都损失或者收益均为零。

而基于监管信息可追溯与安全认证双重安全体系的第三方机构的信任博弈模型如表 7-1 所示。

表 7-1　第三方监管机构下的交易双方的信任博弈模型

消费者 A	企业 B	
	欺诈	诚信
欺诈	$-I[$ 或 $f_A(C_t)]$，$-I[$ 或 $f_B(C_t)]$	$(1+\mu)h_t - I[$ 或 $f_A(C_t)]$，$I - \lambda h_t - U$
诚信	$I - \lambda h_t - U$，$(1-\eta)(1+\mu)h_t - I$ $[$ 或 $f_B(C_t)]$	h_t，$(1-\eta)h_t$

从表7-1可以看出，基于第三方监管机构的交易主体：消费者 A 与企业 B 的行为选择如下：如果企业 B 选择欺诈决策时，则消费者选择诚信作为最优决策，因为 $I - \lambda h_t - U > -I$[或 $f_A(C_t)$]，但是这个决策结果存在帕累托改进，并非为完美纳什均衡，因为 $(1-\mu)h_t > (1+\eta)(1-\mu)h_t - I$[或 $f_B(C_t)$]，所以交易另一方也会选择诚信作为最终决策，所以（诚信，诚信）是基于第三方监管机构下的交易主体信任博弈最优决策。

7.5 基于第三方监管机构的交易主体信任管理机制

基于第三方监管机构背景下的信任管理，构建了交易主体的收益与消费者对第三方机构的信用系数之间的数学关系，同时交易主体的行为受到第三方监管机构的制约。因此，从长远发展来看，在这种相互约束的制度环境下，消费者对可追溯安全农产品信任的建立过程会是一个以（诚信，诚信）为交易双方最优纳什均衡的重复博弈。

在进行可追溯安全农产品交易时，则企业 B 在四组信任决策下的收益如表7-2所示。

表7-2　　　　　　　四组信任决策下的企业 B 的收益

消费者 A	企业 B	
	欺诈	诚信
欺诈	$-I[$或$f_B(C_0)] + \sum_{t=1}^{\infty} \theta^t(1-\eta)h_t$	$I - \lambda h_t - U + \sum_{t=1}^{\infty} \theta^t(1-\eta)h_t$
诚信	$(1-\eta)(1+\mu)h_0 - I[$或$f_B(C_t)] + \sum_{t=1}^{\infty} \theta^t(1-\eta)h_t$	$(1-\eta)h_0 + \sum_{t=1}^{\infty} \theta^t(1-\eta)h_t$

从表7-2可得到如下结论：

（1）基于第三方监管机构，可追溯安全农产品销售企业将会选择诚信交易，当且仅当满足条件：$I \geq (1-\eta)\mu h_0$。

当消费者 A 诚信时，若满足以下条件，则企业 B 将会在提供可追溯安全农产品时会采取诚信策略：

$$(1-\eta)h_0 + \sum_{t=1}^{\infty}\theta^t(1-\eta)h_t \geq (1-\eta)$$

$$(1+\mu)h_0 - I(\text{或} f_B(C_t)) + \sum_{t=1}^{\infty}\theta^t(1-\eta)h_t \qquad (7-1)$$

式 (7-1) 中，θ 表示贴现因子。

当消费者 A 选择欺诈时，若满足以下条件，则企业 B 将在可追溯安全农产品交易时采取诚信决策：

$$I - \lambda h_t - U + \sum_{t=1}^{\infty}\theta^t(1-\eta)h_t > -I(\text{或} f_B(C_0))$$

$$+ \sum_{t=1}^{\infty}\theta^t(1-\eta)h_t \qquad (7-2)$$

求解式 (7-1) 和式 (7-2)，可得结果：$I \geq (1-\eta)\mu h_0$。

(2) 如果消费者被欺骗，其将会向第三方监管机构进行申诉赔偿，当且仅当满足条件：$I > U$。

基于第三方监管机构设计的信任管理机制，必定需要保证交易主体诚信时的收益大于零，故从表 7-1 中可知：

$$I - \lambda h_t - U > 0 \Rightarrow I - U > 0 \Rightarrow I > U \qquad (7-3)$$

因此，尽管消费者被可追溯安全农产品销售商欺诈，向第三方监管机构申诉的成本为 U，但是第三方监管机构只需保证，在欺诈事实存在的情况下，消费者获得赔偿金额 I 足够补偿申诉成本 U，消费者一定会向第三方监管机构申诉。

7.6 结论及建议

文章基于博弈论、信息可追溯体系和安全认证体系的特点，说明信息可追溯与安全认证双重体系是解决信息不对称问题有效的工具，其次建立基于监管信息可追溯和安全认证双重体系的第三方机构下的可追溯安全农产品交易时的信任博弈模型，并对信任博弈模型进行分析，从而得出结论：建立信息可追溯与安全认证双重体系机构是解决可追溯安全农产品信任问题的有效手段。

从可追溯安全农产品交易前的生产管理、交易中的销售管理和交易后的奖惩机制管理可提出以下建议。

（1）政府应该大力扶持建立针对可追溯安全农产品的第三方监管机构，并促进第三方监管机构市场化，鼓励可追溯安全农产品的消费者参与第三方监管机构的建立与管理。在对农产品进行安全监测与信息可追溯时，消费者以购买者角色与管理者角色参与，不仅能够增加其他消费者对可追溯安全农产品的信心，也使得公众对可追溯安全农产品的认知更加深刻。

（2）基于目前可追溯安全农产品占有市场份额非常少，可追溯安全农产品的销售企业可以根据消费者是否是第三方监管机构的会员，对其消费进行折扣或者其他优惠，拉动会员消费者周围的其他消费需求，促进可追溯安全农产品市场发展。

（3）基于大数据背景下，鼓励第三方监管机构建立云计算交易中心，对交易会员进行信用评级，激励交易主体将信任策略作为其改善收益的有效保障。

（4）在可追溯安全农产品的交易过程中，可以整合电子商务、金融机构等其他专业性服务性产业资源，以确保消费者的权利与改善各主体的收益。

（5）从长远角度看，激励机制的效果优于惩罚机制的效果，故政府或其他相关部门应重视建立对上游生产可追溯安全农产品企业更加完善的补贴机制，提高可追溯安全农产品销售企业的风险控制意识与服务质量，弘扬"信息—安全"的正确消费观，实现可追溯安全农产品市场的可持续健康发展。

7.7 本章小结

本章首先对国内外信任博弈研究观点进行了梳理，分别对信任的经济理性视角、有限理性和不完全信息视角、农产品信任博弈、农产品安全监管及第三方安全监管等方面进行了叙述。

第7章 基于第三方监管机构的可追溯安全农产品信任博弈

其次，基于信息可追溯和安全认证双重体系的特点，提出了信息可追溯与安全认证双重体系是解决信息不对称问题的有效措施，并建立存在第三方监管机构的可追溯安全农产品交易主体信任博弈模型，进而分析基于第三方监管机构下消费者与销售企业之间的信任决策，得出结论：建立第三方监管机构是促进可追溯安全农产品交易主体信任的有效方式。

最后，提出在可追溯安全农产品交易前的生产管理、交易中的销售管理和交易后的奖惩机制管理中，政府应该大力扶持建立针对可追溯安全农产品的第三方监管机构，并促进第三方监管机构市场化，鼓励可追溯安全农产品的消费者参与第三方监管机构的建立与管理；销售企业应制定市场激励机制，鼓励消费者参与可追溯农产品监管机构，促进农产品可追溯体系健康发展；监管中心应借助大数据大背景，建立云计算交易中心，以更好地进行管理；政府、企业应加大对第三方监管机构的激励，从政策和资金上给予强有力的支持。

第8章

公众参与农产品安全有奖举报制度下的三方博弈关系研究

8.1 引言

本书第7章就第三方监督机构与农产品安全信任关系进行了博弈性探讨，分析了基于第三方监管机构下消费者与销售企业之间的信任决策，提出安全农产品交易前的生产管理、交易中的销售管理和交易后的奖惩机制管理中，政府应该大力扶持建立第三方监管机构，并引导消费者（公众）参与到对农产品质量安全的监管行动中。

为了鼓励公众积极参与到对农产品质量安全的监管行动中，《中华人民共和国农产品质量安全法》规定地方人民政府及有关部门应当建立农产品质量安全有奖举报制度，以期依靠消费者参与监管来处理频发的农产品质量安全问题，结果却是收效甚微；相反，还出现了许多企业对举报人采取报复的恶劣事件。2010年6月，多家媒体引用相关统计资料，报道了一个惊人的数据，在那些向检察机关举报涉嫌犯罪的举报人中，约有70%的举报人不同程度地遭受到了打击报复。那么，到底是什么因素制约着我国农产品质量安全法的实施呢？查阅欧美日发达国家的有关公众参与农产品质量安全监督举措发现，很多国家公众通过不同途径参与到机构建设中。例如，作为美国最高执法机关的食品和药品管理局，就是由律师、医生、化学家和微生物学家等专业人士组成。同样，日本的食品安全委员会也是由7位食品安全专家组成，在公众与政府监管部门之间搭建了有效的交流平台（王怡，宋宗宇，2011）。此外，这些国家还在法律上给予公众保障，如美国《联邦咨询委员会法》规定，行政部门在制定行政法规时应该保障公众有机会对法规进行评述，《信息公开法》规定只要是居住在美国的人都有权知悉政府关于公众健康的记录与信息，当公众对行政部门的决定存在异议时，可以请求司法机关判定行政部门的决定是否符合法律要求（程景民，2013）。日本政府也十分注重公众对食品安全监督的参与，强调信息交流与共享的重要性，并要求研究单位、政府机构、生产企业、消费者之间进行有效的信息交流。为确保公众最大限度地参与食品安全监督工作，日本行政部门每年会公开招聘委托6000名消费者进行日常调查，监管食品安全（隋姝妍，小野雅之，2012）。

通过对比国外的农产品质量安全监管制度发现，我国农产品质量监管不完善之处在于公众参与监管有效性的缺失，如何使公众参与农产品安全质量监管行动有效并具有法律保障，对解决日益严峻的农产品质量安全问题具有重大意义。公众举报是公众参与农产品安全监督行为之一，如何使举报制度行之有效地长久实施，在政府、企业和公众（消费者）之间找到一个协调的关系是本章研究的目标。

8.2 相关理论及研究

8.2.1 公众、公众参与

对公众的界定，国内外不同学者因为研究领域的不同给出了很多定义，本书根据所研究的内容，引用公共关系学对公众的界定，即"公众为一个社会群体，在面临某个共同问题时而形成共同的利益、意识和兴趣及共同的文化"或"公众是指作为公关活动目标具有共同特征，对一个组织的目标和发展具有现实或潜在的利益关系和影响力的所有个人、群体和组织"（薛澜，2014）。

近年来，"公众参与"一词见于很多研究文献中，研究领域遍布于社会学、法制学、行政管理和经济管理学等。公众参与（public participation），也可称为公共参与，从参与的事务范围，而不是从参与主体来理解，公众参与所强调的是"事务的公共性"，如果某个事务属于公共事务，那么公众就可以参与到对该事务的观点表达、讨论、评价、协商等活动之中。也只有这样，才能体现出公共事务的公共性（王锡锌，2007）。斯维尔（Swell）和科波克（Coppock）认为公众参与是通过一系列的正规及非正规的机制直接使公众介入决策[①]。皮尔斯（Pearse）和施蒂费尔（Stiefel）认为公众参与是人们在给定的社会背景下为了增加对资源及管理部门的控制而进行的有计划、有组织的努力，他们曾经是被排除在资源及管理部门控制之外的群体[②]。王凤（2008）基于公众参与环保行为给出的界定是：公众参与就是各利益群体通过一定的社会机制，使更广泛意义上的公众尤其是弱势群体能够真正介入到决策制定的整个过程中，实现资源公平、合理配置和有效管理。公众参与有三个要素组成，即：一是参与主体，既包括单个公民，也包括公众组成的民间组织；二是参与的领域，公众参与的领域是公共领域，强调的是"事务的公共性"，只要是公共性事务，公众即可参与；三是参与的渠道，包括对公共事务提出意见或建议、讨论、评价、协商。基于以上的理解，结合本书研究对象，对于农产品质量安全监管，公众参与即是指个人、群体和组织通过正规或非正规的渠道，采取一定的方式，能够并愿意参与涉及农产品质量安全监管所有环节的监督、管理及制度制定。

8.2.2 政府、企业、公众参与农产品质量安全监管

参与制度是不同社会主体存在利益冲突时的公平解决机制，是程序正义的实现方式，是促进法制国家建设的有效途径，是民主协商的具体体现（卓光俊、杨天红，2011），日益凸显的农产品质量问题也引发了许多学者的深思，在他们的研究中普遍认为政府在农产品安全监管中不能唱"独

[①] Swell, Coppock, Chambers Robert. Participatory Rural Development: analysis of experience [J]. World Evelovment, 1994, 22 (9).

[②] Friedmann J. Empowerment: The Polities of Alternative Development [J]. MA - Blackwell, Cambridge, 1992.

角戏",应发挥其主导作用(范海玉、申静,2013),引导公众参与作为政府监管的一种补充和完善(刘欣然,2016),形成政府、社会组织、公众相互配合,共同合作的无缝隙监管网络。政府的主导作用表现为两个方面:第一,完善信息公开制度,实现信息共享[5],通过立法强调公众参与的地位;第二,转变政府执法理念,培育公益组织独立检测能力,强化信息披露(陈刚,2014),加强与非政府组织的合作互动,鼓励社会团体参与到质量安全监管中来。

当前,就公众参与、政府、企业三者关系的研究大多集中在环境治理领域。代表性的观点有:在环境治理中,应当在发挥政府规制与市场调节功能的同时,充分发挥环境社会组织和公众在环境治理中的作用,以改善环境质量、提高公众福利的重要方式(张同斌,2017),当多元共治时,应明确政府的主导地位、企业的主体地位及公众积极参与的地位,通过强化环境信息公开、健全环境行政决策制度与拓宽公众权利救济渠道的方式,使政府、企业、公众三者达到互相制衡、有序竞争的良好状态(王潇,2012)。当因利益诉求不同引起多元化利益冲突和矛盾时,则应当树立"中央为主导、地方为主体"的理念,实施产业倾斜政策,维护公众环境权益(沈金生,2010)。

食品安全监管中,安特尔(Antle,1995)认为,消费者与企业之间存在着信息不对称,政府管制是解决食品安全问题的关键,也有持相反观点的学者,他们认为消费者与企业之间确实存在信息不对称,但完全可以通过市场机制将问题企业清除出去,即不要政府干预。杰弗里珀吉(Geoffrey podge,2005)提出了两种食品安全管制模式:一是多部门共同负责的模式(以美国为代表),另一个是由一个部门进行统一管理的模式(以澳大利亚和新西兰为代表)。在处理政府、企业、公众三者关系时,政府在食品安全危机管理中的主要作用是消除消费者和企业在食品安全方面的信息不对称,及由此造成的影响(索姗姗,2004年),当食品安全、生态环境问题日益凸显时,由于政府监管力量有限,公众作为最庞大的企业利益相关者群体,不仅是企业社会活动的参与者,也是监督者。为此,为鼓励公众参与监督,政府可以通过实行有奖举报制,来提高公众监督企业社会责任履行情况的积极性(曹华林等,2017);然而,在现实的经济社会中，企业，社会团体以及消费者都具有趋利性，如何引导他们的行为成为最关键的问题。

8.3 研究问题的提出

通过以上文献梳理，将博弈论理论运用于政府、企业和公众关系的研究中，以环境治理视角的研究比较多见，在农产品安全监管研究中，我国学者亦有较好的尝试：李宗泰、何忠伟（2011）通过研究生产者与监管者之间的博弈发现，经济利益预期是决定生产者和监管者策略选择的重要因素。周茜、黄晓英（2015）分析了在激励机制视角下的农产品供给者与监管者、供给者与消费者之间的博弈，认为减少信息不对称，提高对供给者违规行为的处罚有助于解决农产品质量问题。樊斌、李翠霞（2012）在阐述我国乳制品质量安全监管模式及监管乳制品加工企业行为重要性的基础上，分析了乳制品加工企业隐蔽违规行为的长期演化趋势，发现影响乳制品加工企业行为的影响因素为政府监督查处的力度和强度、消费者信任度、企业生产技术和设备，以及乳制品加工市场的准入条件。王冀宁、王俊勇（2015）通过建立演化博弈模型来分析合作组织群体和超市群体在农产品质量安全监管过程中的行为特征和均衡状态，得出在合作高级阶段，探索提高农产品质量是双方共同的追求，同时恰当的政府激励和有效的消费者评价会促使"农超供应链"质量努力水平向高水平发展。苏昕、刘昊龙（2015）在质量安全存在收益溢出效应、外部奖惩机制和内部补偿机制的条件下，分析了农户与企业的协同合作和相互制约对实现农产品质量安全生产的影响，得出较低的收益溢出效应和较高的监管水平；以及企业对农户的公平利益让渡，有利于演化博弈以更快的速度收敛于理想状态。刘长玉、于涛（2015），运用博弈理论，构建了第三方与企业、政府与第三方，以及政府与企业间的博弈模型，并进行混合策略 Nash 均衡求解及策略选择分析，重点讨论了政府、第三方与企业三者共同参与的寻租博弈模型，详细阐述了第三方与企业发生权力寻租、政府监督二者寻租行为的影响因素。

综上所述，尽管有大量的学者运用博弈理论对产品质量监管进行了研究分析，但是绝大部分都只构建了生产者与监管者共同参与的两方博弈，没有考虑其他社会成员对均衡的影响，难以全面地反映问题。当然，也有学者尝试着分析社会团体等第三方非政府组织在监管中的影响，为解决农产品质量安全问题提供了新的途径，但是更多的是理论阐述，缺乏可行性验证。仅有极少部分学者构建了政府、企业及消费者或者第三方组织共同参与的三方博弈模型来分析我国的质量安全监管机制，如刘长玉（2015）构建的政府与企业和第三方寻租之间的博弈模型，全面地反映了企业、政府及第三方监管机构三者之间的相互作用关系，但是在该模型中却完全忽视了消费者的主体地位，消费者作为社会的最主要参与者，其行为变化对其他社会参与者都会产生巨大的影响，随着国家对于公众参与监管的有奖举报制度的落实和实施，消费者的主体地位更是越加明显，消费者在质量安全监管中扮演的角色也越来越重要。

鉴于农产品有奖举报制度作为公众参与的一种方式，在提高消费者维权积极性，保护消费者的合法权益方面发挥着重大作用（王辉霞，2012）。因此，本书拟在刘长玉构建的三方博弈模型的基础上，将政府授权的第三方监管机构作为政府监管的一部分划入政府范围，将消费者作为重要的一部分引入模型中，形成政府、企业以及消费者共同参与的三方博弈模型，以农产品质量安全有奖举报制度作为条件，引入政府奖励行为和企业对消费者的报复行为，综合分析三方不同决策对消费者行为的影响，为政府提供针对性的建议，从而促使企业提高自我监督，引导消费者积极参与监管。

8.4 两两参与的博弈模型

8.4.1 博弈模型基本假设

参考刘长玉的基本假设，本书假定博弈模型参与方政府、消费者与企业都是理性的，不考虑各主体之间的差异性，政府以社会整体利益最大化为诉求，消费者及企业以追求个人利益最大化为目标选择策略。

举报人和企业管理者清楚企业是否存在违规行为，并且能够以追求各自利益最大化而理性采取行动，政府则根据举报人行动做出决定。

(1) 消费者行动集合 $\alpha = (\alpha_1, \alpha_2) = (举报，不举报)$，企业行动集合 $\beta = (\beta_1, \beta_2) = (违规，不违规)$，政府行动集合 $\varepsilon = (\varepsilon_1, \varepsilon_2) = (检查，不检查)$。

(2) 消费者购买不合格有机农产品承担的损失为 S_1，消费者举报付出的监督成本为 K_c，举报查实后获得政府奖励为 D。

(3) 企业正规经营时，企业生产有机农产品的收益为 E。企业违规经营时，生产有机农产品的收益为 $F(F>E)$。企业违规经营时，政府的损失为 $E-F$。

(4) 政府单独监督企业的成本为 K_g，政府由于企业违规活动的隐蔽性，政府资源有限等因素，政府在检查企业经营行为时，存在两种情况：$\gamma = (\gamma_1, \gamma_2) = (证实违规，未发现违规)$。政府发现企业存在违规行为的能力系数为 $\theta(0 \leq \theta \leq 1)$，付出的检查成本为 C_g，对企业的经济处罚为 F_e。

(5) 消费者举报行为的概率为 P，不举报的概率为 $1-P$；政府对企业进行检查的概率为 P_1，不检查的概率为 $1-P_1$；企业违规生产的概率为 P_2，企业不违规生产的概率为 $1-P_2$。

8.4.2 两两参与博弈模型分析

首先构建了两两参与的混合策略博弈模型，分别是消费者与政府、政府与企业，以及企业与消费者之间的博弈。

8.4.2.1 政府和消费者间博弈

消费者与政府之间的混合策略模型如图 8-1 所示。

第8章 公众参与农产品安全有奖举报制度下的三方博弈关系研究

		政府	
		检查 P_1	不检查 $1-P_1$
消费者	举报 P	$D-S_1-K_c$, $F_e-C_g-(F-E)$	$-S_1-K_c$, $-(F-E)$
	不举报 $1-P$	$-S_1$, $F_e-K_g-C_g-(F-E)$	$-S_1$, $-(F-E)$

图 8-1　消费者与政府间混合策略博弈模型

消费者与政府之间的混合策略 Nash 均衡为 $P^* = \dfrac{F_e-K_g-C_g}{D-K_g}$，$P_1^* = \dfrac{K_c}{D}$。消费者以 $\dfrac{F_e-K_g-C_g}{D-K_g}$ 的概率对企业违规进行举报，政府以 $\dfrac{K_c}{D}$ 的概率处理举报，对企业进行检查。消费者举报的概率与政府的检查成本以及政府的奖励额度成负相关、与政府罚金额度成正相关；政府对企业进行检查的概率与消费者的举报成本成正相关，与政府奖励额度成负相关。

8.4.2.2　政府与企业之间的博弈

政府与企业之间的混合策略模型如图 8-2 所示。

		企业	
		违规 P_2	不违规 $1-P_2$
政府	检查 P_1	$F_e-C_g-(F-E)$, $F-F_e$	$-C_g$, E
	不检查 $1-P_1$	$-(F-E)$, F	0, E

图 8-2　政府与企业之间的混合策略博弈模型

政府与企业之间的混合策略 Nash 均衡为 $P_1^* = \dfrac{F-E}{F_e}$，$P_2^* = \dfrac{C_g}{F_e}$。政府以 $\dfrac{F-E}{F_e}$ 的概率对企业进行检查，企业以 $\dfrac{C_g}{F_e}$ 的概率选择是否违规生产经营。

政府检查的概率与企业违规生产经营的利益变化呈正相关,与政府处罚金额数量呈负相关;企业违规的概率与政府的检查成本呈正相关,与违规处罚金额呈负相关。

8.4.2.3 消费者与企业之间的博弈

消费者与企业之间的混合策略博弈模型如图8-3所示。

		企业	
		违规 P_2	不违规 $1-P_2$
消费者	举报 P	$D-S_1-K_c$, $F-F_e$	$-K_c$, E
	不举报 $1-P$	$-S_1$, F	0, E

图8-3 消费者与企业之间的混合策略博弈模型

消费者与企业之间的混合策略 Nash 均衡为 $P^* = \dfrac{E-F}{F_e}$,$P_2^* = \dfrac{K_c}{D}$。消费者以 $\dfrac{E-F}{F_e}$ 的概率对企业进行举报,企业以 $\dfrac{K_c}{D}$ 的概率选择是否违规生产经营。消费者举报的概率与企业违规生产经营的利益变化呈正相关,与政府处罚金数额呈负相关;企业违规的概率与消费者举报成本呈正相关,与政府的奖励数额呈负相关。

8.5 农产品质量安全举报奖励制度中三方参与的博弈

在农产品质量安全举报奖励制度中,实际同时涉及政府、企业与消费者三方,为了更完整的分析农产品质量安全举报奖励过程中各方的行为变化,寻求利益结合点,探究保障农产品质量安全举报奖励制度有效实施的方案,需构建政府、消费者和企业共同参与的三方博弈模型。

8.5.1 模型假设

假定消费者、企业都是出于理性人思考来决定自身的行为,政府是以社会总体福利来作为决定行动的依据。那么,消费者只有在确定企业存在违规行为后才会选择举报活动,否则会承担浪费举报成本的风险,因此企业存在违规行为成为博弈模型开展的先决条件。政府接到举报后的行动集=(检查,不检查),然而由于关于举报奖励资金的来源和发放方面没有明确的执行办法,因此在政府发现企业存在违规后,消费者也有可能无法获得奖励,此时政府奖励方面有两种情况=(发放,不发放);企业在承担处罚后则可能会出于对未来违规收益的考虑而对举报者进行报复。

(1) 消费者的行动集=(举报,不举报);政府对企业的行动集=(检查,不检查),政府检查后对消费者的行动集=(发放奖励,不发放奖励);企业的行动集=(报复,不报复)。

(2) 由于缺乏具体的奖励发放办法,政府对举报人的奖励不一定能兑现,给予奖励的概率为 μ,不给与奖励的概率为 $1-\mu$,政府对企业的违规处罚为 F_e。

(3) 企业会因为消费者的举报行为而承担政府的处罚,因此,会基于未来的违规收益而对消费者进行报复行为,保护未来利益,报复的概率为 φ,报复成本为 C_f,并且在消费者未来选择举报或者政府单独发现企业违规的情形下,企业未来选择正规经营。

(4) 消费者的举报成本为 K_c,消费者遭到企业报复会形成大量的利益损失 $S_c(S_c<D)$,并且消费者会在没有受到奖励或者被报复的情形下放弃未来的举报行为。

8.5.2 模型求解

政府、企业和消费者之间的混合策略博弈模型如图 8-4 所示。

		政府		
		检查 P_1		不检查 $1-P_1$
		发放奖励 μ	不发放奖励 $1-\mu$	
消费者	举报 P	企业报复 φ	$D-K_c-S_c$ $F_e-(F-E)-D$ $F-F_e-C_f+E$	$-K_c-S_c$ $F_e-2(F-E)$ $F-F_e-C_f+F$	$-K_c-S_c$ $-2(F-E)$ $2F-C_f$
		企业不报复 $1-\varphi$	$D-K_c$ $F_e-(F-E)-D$ $F-F_e+E$	$-K_c$ $F_e-2(F-E)$ $2F-F_e$	$-K_c$ $-2(F-E)$ $2F$
	不举报 $1-P$		0 $F_e-K_g-(F-E)$ $F-F_e+E$		0 $-2(F-E)$ $2F$

图 8-4 政府、企业和消费者之间的混合策略博弈模型

（1）根据构建的混合策略博弈矩阵，在企业报复概率给定的情形下，政府的总体效用期望函数为：

$E_1 = PP_1\varphi\mu[F_e-(F-E)-D] + PP_1\varphi(1-\mu)[F_e-2(F-E)] +$
$P\varphi(1-P_1)[-2(F-E)] + PP_1(1-\varphi)\mu[F_e-(F-E)-D] +$
$PP_1(1-\varphi)(1-\mu)[F_e-2(F-E)] + (1-P_1)P(1-\varphi)[-2(F-E)] +$
$(1-P)P_1[F_e-K_g-(F-E)] + (1-P)(1-P_1)[-2(F-E)]$

对上述效用函数求微分，得到政府最优化的一阶条件为：

$\dfrac{\partial E_1}{\partial P_1} = P\varphi[F_e-(F-E)] + P(1-\varphi)[F_e-(F-E)] - P\mu D -$
$P\varphi(F-E) - P(1-\varphi)(1-\mu)(F-E) + 2P(F-E) +$
$(1-P)(F_e-K_g) + (1-P)(F-E) = 0$

化简可得 $P = \dfrac{K_g-F_e-(F-E)}{K_g-\mu D+[1-(1-\varphi)\mu](F-E)}$。

（2）消费者的总体效用期望函数为：

$E = PP_1\varphi\mu(D-K_c-S_c) + PP_1\varphi(1-\mu)(-K_c-S_c) +$
$PP_1(1-\varphi)\mu(D-K_c) + PP_1(1-\varphi)(1-\mu)(-K_c) +$
$P(1-P_1)\varphi(-K_c-S_c) + P(1-P_1)(1-\varphi)(-K_c)$

对上述效用函数求微分，得到消费者最优化的一阶条件为：

$$\frac{\partial E}{\partial P} = P_1\varphi\mu D + P_1\varphi(-K_c - S_c) + P_1\mu D - P_1\varphi\mu D + P_1(-K_c) -$$
$$P_1\varphi(-K_c) + \varphi(-S_c) - P_1\varphi(-S_c) - P_1(-K_c) + (-K_c) = 0$$

化简可得 $P_1 = \dfrac{K_c + \varphi S_c}{\mu D}$。

三方博弈的混合策略 Nash 均衡解为 $P^* = \dfrac{K_g - F_e - (F - E)}{K_g - \mu D + [1 - (1 - \varphi)\mu](F - E)}$，$P_1^* = \dfrac{K_c + \varphi S_c}{\mu D}$。消费者以 $\dfrac{K_g - F_e - (F - E)}{K_g - \mu D + [1 - (1 - \varphi)\mu](F - E)}$ 的概率进行举报，政府以 $\dfrac{K_c + \varphi S_c}{\mu D}$ 的概率对企业进行检查。

8.5.3 模型分析

在农产品质量安全举报奖励制度实施的过程中，为了实现社会福利最大化，有效惩处企业无视产品质量违规生产的问题，需要设计科学合理的激励与约束机制来引导消费者积极参与到农产品质量安全监管中来，下面将详细讨论模型参数的理论与实际意义。

8.5.3.1 影响消费者进行举报的因素

消费者进行举报的均衡解概率为 P^*，$P^* = \dfrac{K_g - F_e - (F - E)}{K_g - \mu D + [1 - (1 - \varphi)\mu](F - E)}$ 可知，P^* 的大小与 K_g、F_e、$(F - E)$、D、μ、φ 这 6 个变量有关，P^* 与 K_g、D、μ 成正比，与 F_e、$(F - E)$、φ 成反比。

政府为了提高农产品质量，使农产品举报奖励制度发挥出最大效果，引导消费者参与到农产品质量监管当中，可以通过提升 D、μ，降低 F_e、$(F - E)$、φ 的值来提高消费者的举报概率 P^*。即政府提高对消费者参与举报监管的奖励（D）、落实奖励的发放办法，积极兑现（μ），制定合理的政策帮助企业增加正规经营的收益，降低违规经营的收益增加值（$F - E$），加强对消费者的保护，合理制定对企业违规行为的处罚（F_e），减少消费者举报的风险，降低企业对消费者报复的概率（φ），保护消费者的各方利益，提高消费者对企业违规行为的举报概率。

8.5.3.2 影响政府进行检查的因素

政府进行检查的均衡解概率为 P_1^*，由 $P_1^* = \dfrac{K_c + \varphi S_c}{\mu D}$ 可知，P_1^* 的大小与 K_c、φ、S_c、μ、D 五个变量有关，P_1^* 与 K_c、φ、S_c 成正比，与 μ、D 成反比。由于政府进行检查的均衡解为 P_1^*，政府以 P_1^* 的概率检查时，检查的效用与不检查的效用是相等的，并且政府检查还需要付出监督成本 K_g，因此均衡概率 P_1^* 越小，付出监督成本的概率就越小，同时，政府以较低概率 $P_1(P_1 > P_1^*)$ 检查获得的收益大于不检查获得的收益。

为了实现政府效用，保障社会福利水平最大化，政府应当采取措施降低消费者的举报成本（K_c），加强对企业行为的约束，严厉打击企业对消费者的报复行为（φ），完善法律制度，保护举报人的利益，减少举报人因遭受报复而承担的损失（S_c），增加奖励资金（D），完善奖励办法（μ）。

8.6 结论及建议

消费者在农产品质量监管中发挥着举足轻重的作用，基于农产品质量安全举报奖励制度下的三方博弈研究可知，消费者的举报行为与政府对违规生产的处罚力度、政府的奖励额度、政府奖励的发放概率、企业采取报复的概率及企业违规收益增加值有关，而且消费者的举报成本和企业报复给消费者带来的损失也会对政府的总体效益产生影响。因此，从政府的角度出发，引导消费者积极参与到农产品质量安全监管当中，使农产品质量安全举报奖励制度最大限度发挥作用的措施主要有：

8.6.1 提高农产品质量安全举报奖励力度，制定明确可行的举报奖励办法

消费者进行举报需要花费时间和精力，同时还承担着遭受报复打击的

风险,因此加大奖励力度是鼓励消费者参与监管的必由之路。《农产品质量安全法》和《食品安全法》只规定了任何单位和个人对违法行为有检举揭发的权利,但是没有提及是否有奖励;国务院《关于加强食品等产品安全监督管理的特别规定》中规定对做出显著成绩的单位和个人给予表彰和奖励,并没有提及举报者是否属于"做出显著成绩的单位和个人";《关于建立食品安全有奖举报制度的指导意见》也仅适用于食品。由于缺乏具体法律法规作为奖励发放依据,该制度对消费者的激励程度也就大打折扣,因此只有制定明确可行的农产品质量安全举报奖励办法,成立专项奖励资金,规范奖励程序,才能充分调动消费者的积极性,引导其参与到农产品质量监管中来。

8.6.2 开通农产品质量安全举报服务通道,降低消费者参与监管的成本

消费者的举报成本会对消费者参与到农产品质量安全监管产生一定的影响,同时由于政府各部门的职能重叠,会导致消费者的举报需要在许多部门报备,增加消费者举报行为的交通成本及时间成本,所以成立专门的举报接待处,开通农产品质量安全举报服务通道,节约举报成本,提高政府处理举报的效率,让农产品质量安全举报奖励制度真正地发挥作用,服务于民。

8.6.3 完善举报人保护制度,提升事前抵御能力

在《刑事诉讼法》《刑法》等法律与规定中,公、检、法机关都有保护举报人的责任,但没有规定具体是谁的责任,最终会形成谁也不负责的局面。另外,当前的举报保护机制以事后惩罚为主,缺乏事前防御,消费者一旦遭受了报复必然会放弃对农产品质量安全的监管,即使事后惩罚也不能达到理想效果。因此,应当明确保护责任主体,对于未尽到保护责任的机关追究法律责任。同时,还要建立严密的举报保密制度,扩大保护对象,加强举报人事前保护,加大企业对举报人采取报复行为的惩治力度。

保障消费者行使参与监管的权利，为提高农产品质量打下坚实基础。

8.7 本章小结

在公众参与的农产品质量监管中，政府以引导消费者参与监管，提升农产品质量安全为目标，消费者及企业则希望利用现有资源获得最大收益。由于消费者的监督举报会影响企业的收益，因此企业容易对消费者的举报行为进行阻挠及报复。对消费者各项利益的保护是保障公众参与农产品质量安全监管的关键，研究政府、企业及消费者三方共同参与的监管策略，可为制定符合实际情况的监管对策提供依据。

本章首先介绍了国内外对公众及公众参与的解释，并就国内外学者在政府、企业、公众参与三方关系的研究做了一些梳理，近年来对政府、企业和公众参与的研究主要立足于环境治理视角，随着我国对农产品质量安全的日益重视，将公众参与引入农产品质量安全监管成为国内学者研究的重点，农产品安全涉及到企业、政府和公众（消费者）等多方的利益，各方的效用不仅取决于自身的策略选择，也取决于其他两个方面的策略，他们之间进行着一系列的博弈。对于行为互动经济现象的理解，博弈论提供了有力的理论工具（左伟等，2011）。文章运用博弈理论，构建了政府与企业、政府与消费者及企业与消费者间博弈模型，并进行混合策略Nash均衡求解及策略选择分析，研究了影响政府监督、不监督，消费者举报、不举报，企业报复、不报复策略行为的关键因素。并进一步讨论了政府、企业与消费者共同参与的三方博弈模型，详细阐述了政府与企业共同作用下，影响消费者参与监管、发生举报行为的各项因素。研究结果表明：消费者的举报行为与政府对违规生产的处罚力度、政府的奖励额度、政府奖励的发放概率、企业采取报复的概率及企业违规收益增加值有关，而且消费者的举报成本和企业报复给消费者带来的损失也会对政府的总体效益产生影响。

本章的最后尝试性地提出了一些建议，即：首先为鼓励和保障公众参与到农产品质量监督中，应当加强举报奖励力度，制定明确可行的举报奖励办法，制定专项规定，成立专项奖励资金，规范奖励程序；其次，为使举报途径通畅，应成立专门的举报接待处，开通农产品质量安全举报服务通道；最后，为使公众的举报在法律上得到保障，应完善现有的举报人保护制度，建立严密的举报保密制度，加强举报人保护，同时加大企业对举报人采取报复行为的惩治力度。

第9章

基于网络消费信任的农产品管理体系构建与评价

9.1 引言

  农产品管理体系主要包括冷链物流配送、质量安全保障、生产流程管理等方面，建立一套行之有效的农产品管理体系是农产品发展的基本条件。目前国内外有关农产品管理体系的研究不少，但立足于从消费者视角出发研究体系构建的研究不多，而以网络消费者消费信心为理论基础探寻农产品管理体系及其体系评价，则是一种新的尝试。在农产品的网购中，消费者网络消费信任的建立与农产品生产、储存、物流、配送、售后服务等环节密切相关，而且消费者在经由与购物网站的互动之后，如何更有效的建立起网络消费信任关系，成为摆在我们面前的重要课题。

  HACCP食品安全管理体系自1959年开始便在美国食品质量管理中得到广泛应用。该体系在生鲜食品质量安全管理中广泛应用。其中冷链物流管理主要包括运输、包装、运输管理和分销网络管理（Hsin-I，2011），冷链物流系统不健全是发展中国家生鲜农产品产业的一个迫切需要解决的问题（Rohit Joshi，2009），农产品网络营销存在着产品质量标准化程度低、物流配送不健全等问题，为确保产品保鲜，农产品的网络营销中需要提升其物流配送能力（杨雄锵、齐文娥，2013）。此外，为解决农产品产业链整体的信息化程度较低，产业链上下游环节之间协调不力（杨剑英，2009）等问题。实现生产企业与物流企业实行共同配送（文晓巍，2008）、最大限度地降低总成本、加快物流速度、提高客户服务水平是农产品管理体系的重点（缪小红，2008，武云亮，2007）。

所谓生鲜农产品是指刚刚经过自然生长形成的、未经过深度加工的、保持自身原有新鲜度，容易发生变质腐败的初级农产品。这类产品的主要特点是保质时间短，保存条件要求高，受到自然温度、湿度影响大，具有显著的季节性特征等特点。生鲜农产品管理是企业或组织在生鲜农产品生命周期中对生鲜农产品生产、冷链配送、销售和售后服务等环节进行管理的业务活动。在网络营销中，包括生鲜农产品电商对供应商环节的管理、对冷链物流配送的管理和对顾客满意度的管理。通过实际调查和文献总结发现，生鲜农产品网络消费信任水平的高低与消费者对生鲜农产品供应链整体的管理能力的认可和信任程度有关，因此，本章节的研究以提升生鲜农产品网络消费信任为出发点，重点从供应商管理、冷链物流配送管理、顾客满意度管理三个环节研究提高生鲜农产品管理水平的途径和对策，进而实现提升生鲜农产品网络消费信任水平的目标。

9.2 理论及研究概述

9.2.1 网络环境下生鲜农产品供应链管理相关研究

供应链主要由物流链、信息链和价值链构成，具有动态性、复杂性、交叉性、面向客户需求等特点。动态性主要是指供应链的构成主体以及主体之间的供应关系不是固定不变的，会随着时间和环境的变化而变化。复杂性是指供应链成员企业跨行业、地域、文化，相互之间关系复杂多样而且层次繁多。交叉性是指供应链上下层次节点企业之间发生多重交叉关系。供应链的生产经营是指以客户需求为"驱动源"，其经营决策和行为随着客户需求而变化。供应链管理是对供应链中的物质流、商流、信息流、资金流等进行计划、组织、协调与控制的过程。供应链管理的范畴涉及供应商、制造商、经销商、客户等所有参与主体以及所涉及各种经营行为的管理。目的是为了实现供应链整体成本下降和效益提高，其管理的核心是库存管理。重点是处理好合理库存与客户需求的关系，找到库存管理成本控制与产品交付客户成本之间的平衡点。

农产品由于有易腐烂性，受一定的生长成熟周期限制，易受病虫害和气候等环境因素影响，农产品供应链在运营模式、管理方式上与其他供应链都有较大区别（吴孟霖，2015）。在我国，对农产品供应链的界定有广义和狭义两种，广义的农产品供应链是指在收购、加工、运输、分销过程中，围绕核心企业，通过对信息流、物流、资金流控制，形成农户、制造商、分销商、零售商直到最终用户的网链（贺盛瑜等，2006）。狭义农产品供应链除了具备外在的网链结构特征之外，还必须具有较高的组织化程度、具有核心主体、完善的信息网络和高效的资源配置（纪良纲等，2015）。

随着农产品产业的发展及电子商务的兴起，对网络环境下对农产品供应链管理的研究主要基于供应链模式、网络结构、和信息管理的视角。余娟（2016）在生鲜农产品供应网络结构设计中解决了供应链设施选址、供应链网络拓扑结构设计及配送线路的优化三个问题，并在农产品供应链网络设计建模时将整条供应链服务满意度最大作为其中一个目标设计生鲜农产品供应网络；在农产品供应链模式上，可以鼓励以农民专业合作社为组织开展电子商务平台直销模式，也可以开展本地农民专业合作社与本地连锁超市对接的农超模式等来销售农产品（王金艳，2015）。汤晓丹（2015）则认为，要加强生鲜农产品电子商务企业应从对合作伙伴实行激励制度、降低损耗、减少物流成本、提高消费者的信任度、有效利用预售获取的信息数据等方面进行改进优化。

9.2.2 冷链物流管理理论

冷链物流是指以保证食品质量安全，减少总体损耗，防止食品腐坏变质为目的，保证生鲜农产品在从生产、贮藏、运输、销售到消费前的各个环节中始终处于特定的温度条件下进行保鲜的一项物流工程。冷链物流的主要特点是，以特殊的容易变质腐坏的生鲜农产品作为运输对象；从生产

第9章 基于网络消费信任的农产品管理体系构建与评价

至销售的各个环节均需要保持特定的温度，而且产品不同，其运输和储藏所要求的温度也不同；对运输和储藏设施具有很高的要求，必须要配备冷藏运输车和冷藏库，投资和运行成本明显高于普通商品物流；冷链物流中的装运、运输、储藏等环节必须要统一安排，紧密衔接，进而从整体来提高冷链物流的效率和稳定性。

学术界普遍认为冷链物流首先要遵循"3T"原则，即生鲜农产品的质量取决于三个要素：冷链运输和储藏的温度（temperature）、产品耐藏性（tolerance）和时间（time）。冷藏食品质量直接受到冷藏时间和温度的影响，其质量水平会随着时间与温度的变化而产生不可逆的下降。因此，在冷链物流过程中需要对各个环节的产品运输及储藏温度、时间指标进行严格的控制。还有一些学者提出冷链物流管理要遵循"3P"原则，即冷链物流食品的原料（products）、加工工艺（processing）和包装（package）。具体要求是生产原料必须新鲜、无污染、质量完好；加工工艺必须清洁卫生、科学合理；包装工艺必须使用符合环保要求的材料，还能很好地保护产品不受外界污染。

另外，还有一些观点认为冷链物流管理要遵循"3C"原则，即清洁（clean）、冷却（chilling）、小心（care）。具体含义为冷链物流管理要保证产品不受任何污染，保持清洁卫生；要快速将产品冷冻或进行低温冷藏，防止产品腐坏变质；最后要在物流各环节要小心操作，避免一些生鲜农产品遭到破损导致价值下降。

9.2.3 网络购物的消费者满意度理论

奥利弗（Oliver，1980）提出消费者满意度定义为：消费者将实际消费产品或服务过程中获得的体验效果与自身的预期相比较后产生的一种感知状态。当消费者实际消费一个产品或服务获得的效果超过预期时，消费者的满意度就会升高，否则消费者满意度就会下降。

消费者购物之前对产品或服务会产生心理预期，购买行为产生后，将真实感受到的产品或服务的质量水平与消费感受及期望进行比较，两者之间的差距就是"期望不一致"。可将其分为三个等级，一是实际效果超过期望产生"不一致"凸显,使得消费者满意;二是实际效果与期望相等,消费者感觉"适度满意";三是实际效果小于期望产生"不一致"凸显,导致消费者不满意。

德鲁克指出,客户购买和消费的绝不是产品,而是价值。尽管学者们都使用了客户价值这一概念,却没有对其进行详细的描述与解释。在客户价值研究过程中,不同的研究者有不同的客户价值定义:从单个情景的角度认为,客户的价值感是得失感造成的,也可以说是产品带来的幸福感;从关系的角度分析是对客户价值带来的影响。

在对客户价值的定义中,很多人都认同伍德如弗(Woodruff)的客户价值理论,而且在他的基础上做出了其他的研究,通过对客户如何看待价值的研究,得出客户价值对客户在某些特定的情况下做出的选择是有意义的。这个结果告诉我们要善于使用结果的评价和爱好。这个定义得出的结果就是客户价值来源于客户对产品的感知和评价,然后将这些感知跟客户所经历的相关结果相互联系。

客户价值有两个方面的意思:一是客户是价值感受的主体,企业需要客户感受价值,也就是说企业提供给客户的价值。客户通过这个进行比较,消费剩余的多少,选择购买的意向。二是企业是价值感受主体,客户需要给企业提供价值感受,这个价值感受衡量了该客户对企业的重要性,这样有利于企业的选择,目的就是使企业盈利最大化,又能为客户提供产品、服务和解决的方案。

9.2.4 基于网络消费的服务质量评价

于宝琴(2014)研究认为网络环境下人机交互的服务质量不同于传统的面对面服务。美国拉斯特教授(Rust,2002)认为在网络环境下,消费者感知的服务质量的差距主要包括有在线客服沟通、网站设计、质量传递和信息差距。服务质量评价 SERVQUAL 理论结合网络服务的特点提出在线服务质量评价体系,具体包括个性化服务、陈列美观、网站设计及信息传递是否及时等维度。网络消费的服务评价必须要以网络消费者为核心,以满足消费者的需求为主要目的。

9.3 生鲜农产品管理体系的关键环节

9.3.1 生鲜农产品管理的"上游"——供应商管理

生鲜农产品供应商是生鲜农产品的生产主体,是产品质量好坏和安全程度高低的源头。其主要包括的类型有以下几类:(1)拥有生产基地和加工能力的长期供应商,这类供应商以生产生鲜农产品为主,为了扩大自身产品销路和市场份额,提高市场价值,需要与中下游的批发商及零售商建立长期产销合作关系;(2)具有批发、进口能力的长期供应商。这类供应商主要从事生鲜农产品的进口和批发业务,为超市等销售终端长期供货;(3)产地直销的供应商,这类供应商一般是生产规模较大的生鲜农产品生产者,拥有自己的生产基地,在产品收货旺季的时候集中向中间商或超市这样的大型零售商供货。从供应链角度来看,生鲜农产品供应商管理主要在供应商生鲜农产品生产及供应过程中,对其提供的生鲜农产品质量、价格、交货情况、服务情况的计划、组织、控制与协调。

9.3.2 生鲜农产品管理的"中游"——冷链物流配送管理

生鲜农产品的冷链物流配送管理包括冷冻加工、冷藏、运输和配送四个环节。冷链物流配送的构成要素包括货物、配送中心、车辆、客户、运输网络的要素,其配送对象——生鲜农产品具有易腐性和实效性的特点。冷链物流配送管理包括配送控制和配送中心运营管理两个方面。配送控制是指根据客户的需求或订单制订详细的配送计划,包括配送什么产品、什么时间配送、送到哪里、由谁来执行、使用什么设备等内容,然后配送中心根据配送计划来进行拣选、分货、流通加工、保管、出货、配送等操作,这中间会涉及配送作业环节和流程的优化管理,配送方案的制定和实施控制。其管理的目标是降低配送成本、提高配送效率、提高服务水平和客户满意度等。

9.3.3 生鲜农产品产品管理的"下游"——网络消费者满意度管理

奥利弗等（1980）提出消费者满意度是消费者在消费服务或产品时，将感受到的亲身体验与购买的心理预期进行比较后产生的一种心理感觉，当亲身体验超过购买心理预期时，消费者就满意。国内学者金勇进等（2005）根据我国消费者的消费心理特征构建了中国消费者满意指数模型（Chinese Customer Satisfaction Index，CCSI）。王洪鑫（2015）等根据 CCSI 模型，结合网络消费生鲜农产品的特点，从质量感知、品牌形象、消费期望三个维度来提高消费者满意度。生鲜农产品的品牌形象越好，消费者满意度越高。消费者期望主要包括产品质量和服务水平两个方面的期望，消费者期望越高，消费者满意度就越低。质量感知包括服务质量、产品质量感知两个方面，质量感知越好，消费者满意度就越高。

9.4 评价指标体系的确定

9.4.1 基于网络消费信任的生鲜农产品管理评价指标体系的构建原则

评价指标体系是由多个相互作用、相互联系的评价指标。评价指标体系建立的目的是帮助评价专家或相关主体使用正确、科学、合理的评价指标，以及评价方法对评价对象进行科学公正的客观评价，找到其不足之处，为下一步完善提供依据。针对基于网络消费信任的生鲜农产品管理评价指标体系需要遵循的原则包括。

（1）系统性原则。建立基于网络消费信任的生鲜农产品管理评价指标体系首先要遵循系统性原则，各指标之间既有层次区分，又相互联系，相互影响，共同形成一个系统。

(2) 目的性原则。构建基于网络消费信任的生鲜农产品管理评价指标体系的目的是帮助管理者及时发现网络消费信任下生鲜农产品管理所存在的问题,并采取相应的改进措施。

(3) 全面性原则。评价指标体系的构建要能够全面评价和反映基于网络消费信任的生鲜农产品管理所需要重视的各个方面的关键问题。

(4) 适用性原则。基于网络消费信任的生鲜农产品管理评价指标体系的各个层次指标要便于从实际情况中调查了解相关信息;含义明确,被调查者容易理解和做出回答。

(5) 层次性原则。明确基于网络消费信任的生鲜农产品管理评价指标体系中各个指标所处的层级及上下层次之间的关系,依此来确定相应权重,明确评价方法和步骤。

9.4.2 消费者对生鲜农产品网络管理体系信任因子调查

由上述分析可知,生鲜农产品的生产经营过程涉及基本原料的采集、生产加工、包装、物流配送直到最后的消费者消费,属于一个完整的产业链条。因此,生鲜农产品管理水平的高低是由生鲜农产品生产、流通、消费三大主要环节的管理水平来共同决定的。在进行网络购买和消费的前提下,生鲜农产品的原料获得与生产加工环节是由供应商来承担的,因此对供应商管理的水平就代表了生产环节管理水平。生鲜农产品的流通环节由电商自身或第三方冷链物流配送系统来构成,因此生鲜农产品冷链物流配送的管理水平就代表了流通环节的管理水平。提高消费者满意度是消费环节管理的最终目标,消费者满意度高低决定了生鲜农产品电商或网络平台的市场吸引力和竞争力。

为了全面了解国内消费者对生鲜农产品网络管理体系的信任状况,本书依据网络消费者信任的善意、能力和诚实构成要素,设计了消费者对生鲜农产品网络管理体系信任因子调查问卷,共21个问题(见附录5)。其中问卷中首先考虑消费者对供应商管理、冷链物流配送管理和消费者满意度管理的关注程度与网络购买消费生鲜农产品信任的关系。为了提高了解的全面性,调查重点选择在北京长期工作生活并进行网络消费的人群进行调查，在正式调查之前，对调查员进行培训，防止他们对调查对象产生主观引导，问卷由调查对象当场作答，调查员对不明白的地方进行解释和说明。调查共发放了300份问卷，经过逻辑性判断和完整性筛选后，并剔除从未通过网络购买生鲜产品的问卷，共获得有效问卷290份，有效率为96.7%。

被调查消费者的基本信息详见表9-1，在290位调查对象中，男女比例为52.1∶47.9，表明通过网络购买生鲜农产品对男女消费者的吸引力基本相当；网络购买生鲜农产品消费者年龄主要集中在18~30岁，占68.3%，表明青年消费者是网络消费生鲜农产品的主力军，中老年消费者所占比例较少；网络购买生鲜农产品消费者中本科以上所占比例达到72.8%，表明学历越高，接受网络购买生鲜农产品的意愿越高；收入在5000元以上的网络消费者所占比例达到74.1%，网络购买生鲜农产品的频率主要分布在1~5次/年，占76.6%。其中，46.6%的消费者对网络购买生鲜农产品持大部分信任，30.7%的消费者对网络购买生鲜农产品持少部分信任，13.4%的消费者对网络购买生鲜农产品持完全信任，9.3%的消费者对网络购买生鲜农产品持完全不信任。

表9-1　　　　　　　　被调查消费者的基本信息

基本信息		人数	百分比（%）
性别	男	151	52.1
	女	139	47.9
年龄	18~24岁	62	21.4
	25~30岁	136	46.9
	31~40岁	47	16.2
	41~50岁	42	14.5
	50岁以上	3	1.0
学历	初中及初中以下	2	0.7
	高中	16	5.5
	专科	61	21.0
	本科	142	49.0
	硕士及以上	69	23.8

续表

基本信息		人数	百分比（%）
收入（月）	3000 元以下	9	3.1
	3000~5000 元	66	22.8
	5001~8000 元	138	47.6
	8000 元以上	77	26.5
网络购买生鲜农产品的频率	1~2 次/年	98	33.8
	3~5 次/年	124	42.8
	6~10 次/年	52	17.9
	>10 次/年	16	5.5

9.4.3 基于网络消费信任的生鲜农产品管理评价指标构建

根据网络消费信任的生鲜农产品管理评价指标体系构建的原则，在生鲜农产品管理的主要环节、生鲜农产品消费特征、网络消费信任评价的主要方面分析的基础上，根据对消费者网络购买生鲜农产品的信任程度的主要影响因素的问卷调查与统计分析，从善意、能力和诚实三个方面，确定用于评价生鲜农产品供应链上游供应商管理、中游物流配送管理、下游消费者满意度管理方面的评价指标体系。共包括三层，即目标层、一级指标层和二级指标层。

（1）目标层。表示基于网络消费信任的生鲜农产品管理水平。

（2）一级指标层。采用 SPSS 20.0 统计分析软件，使用斯皮尔曼（Spearman）相关性分析方法，首先分析消费者对网络购买生鲜农产品的信任与其对供应商管理、冷链物流管理、顾客满意度管理认可程度之间的相关性，斯皮尔曼相关性分析步骤如下。

首先确定变量 X 与变量 Y 之间的相关系数 r_s：

$$r_s = 1 - \frac{6\sum(R_i - Q_i)^2}{n(n^2 - 1)} \quad (9-1)$$

R_i 和 Q_i 分别为变量 X 与变量 Y 中的等级得分。

然后，当 $n \geq 10$ 时，将 r_s 的样本分布标准化为自由度为 $n-2$ 的近似的 t 分布，得出统计 P 值，$P < 0.05$ 为显著相关：

$$t = r_s \sqrt{\frac{n-2}{1-r_s^2}} \sim t(n-2) \qquad (9-2)$$

统计分析结果发现消费者对网络购买生鲜农产品的信任与供应商管理、冷链物流管理、顾客满意度管理认可程度均具有显著相关性，详见表9-2。基于上述分析，我们确定了直接影响基于网络消费信任的生鲜农产品管理水平的一级评价指标层，其中包括3个指标，分别是供应商管理、冷链物流配送管理、消费者满意度管理。

表9-2　信任与供应商管理、冷链物流管理、顾客满意度管理相关性

	供应商管理	冷链物流管理	顾客满意度管理
r_s	0.826	0.817	0.805
P	0.006	0.009	0.011

（3）二级指标层。采用斯皮尔曼（Spearman）相关性分析方法，分析消费者对供应商管理、物流配送管理、消费者满意度管理的认可程度与网络消费者对电商平台或生鲜农产品生产厂家的质量保障能力、是否诚实可靠、熟悉程度、对客户问题的处理效率、产品的生产过程、在线客户服务质量、物流服务的及时性、产品的完整性、性价比、口碑和信誉、总体形象、经营模式、个性化要求的满足程度、物流承运能力共16项因素的认可程度进行相关性分析。结果发现，消费者对供应商管理的认可程度与对电商平台或生鲜农产品生产厂家的质量保障能力、是否诚实可靠、信息完整、经营模式、对客户问题的处理效率、口碑和信誉的认可程度密切相关。消费者对物流配送管理的认可程度与物流服务的及时性、产品的完整性、满足个性化要求、物流承运能力、在线客户服务质量、客户问题的处理效率的认可程度密切相关；消费者对消费者满意度管理的认可程度与性价比、总体形象、对客户问题的处理效率、在线客户服务

质量、满足个性化要求的认可程度密切相关,详见表9-3、表9-4和表9-5。

表9-3　　　　供应商管理认可程度的相关因素的分析结果

	质量保障能力	诚实可靠	信息完整	经营模式	问题处理	口碑和信誉
r_s	0.823	0.753	0.712	0.731	0.751	0.768
P	0.006	0.015	0.019	0.017	0.015	0.013

表9-4　　　　物流配送管理认可程度的相关因素的分析结果

	服务的及时性	产品的完整性	满足个性化要求	在线服务质量	问题处理效率	承运能力
r_s	0.761	0.786	0.817	0.729	0.713	0.754
P	0.013	0.011	0.007	0.021	0.027	0.015

表9-5　　　　消费者满意管理认可程度的相关因素的分析结果

	性价比	总体形象	问题处理效率	满足个性化要求	在线客户服务质量
r_s	0.896	0.773	0.782	0.854	0.815
P	0.002	0.012	0.018	0.004	0.007

在上述分析的基础上,将每个一级指标都细分为基于影响网络消费信任三要素:能力、善意和诚实有关的6个二级指标,最终建立了基于网络消费信任的生鲜农产品管理评价指标体系。消费者对生鲜农产品网络消费的信任,就是指消费者对生鲜农产品电商及其网站背后的生鲜农产品供应链各环节主体,包括对供应商、冷链物流配送和消费者满意度管理三大环节中的诚实、能力、善意方面的认可度,这九个方面的具体评价指标详见表9-6。

表9-6 基于网络消费信任的生鲜农产品管理评价指标体系

目标层	一级指标层	二级指标层	
A 基于网络消费信任的生鲜农产品管理	B₁ 供应商管理	能力范畴	C₁₁ 质量保证能力
			C₁₂ 按期生产交货能力
		善意范畴	C₁₃ 消费者质量投诉
			C₁₄ 投诉处理效率
		诚实范畴	C₁₅ 产品质量安全投入
			C₁₆ 产品信息完备性
	B₂ 冷链物流与配送管理	能力范畴	C₂₁ 承运能力
			C₂₂ 产品保鲜能力
		善意范畴	C₂₃ 客户要求的满足程度
			C₂₄ 客户问题处理效率
		诚实范畴	C₂₅ 收货检验满意程度
			C₂₆ 产品交货的及时性
	B₃ 消费者满意度管理	能力范畴	C₃₁ 品牌形象建设
			C₃₂ 产品需求的满足能力
		善意范畴	C₃₃ 个性化服务质量
			C₃₄ 客服人员的服务质量
		诚实范畴	C₃₅ 消费者对生鲜农产品产品价格的认可
			C₃₆ 消费者对生鲜农产品产品质量的认可

9.4.4 指标权重的确定方法

采用层次分析法进行指标权重的确定。层次分析法是将一个复杂的决策问题分解成多个层次的准则或目标,然后使用特征向量判断矩阵。首先计算下面一层评价要素对上一层某个评价要素的权重,然后加权求和得出每个评价要素对总目标实现的最终的权重,它是一种行之有效的确定权重系数的有效方法。

(1) 确定评价对象的因素论域。p 个评价指标,$u = \{u_1, u_2, u_3, u_4, \cdots, u_i\}$。

第9章　基于网络消费信任的农产品管理体系构建与评价

（2）建立判断矩阵。判断矩阵被评价者用来评判各元素之间的相对重要性，打分规则采用 1~9 及其倒数。评估专家根据评价指标 u_i 与 u_j 的相对重要性确定判断矩阵，相对重要性按如下约定：

当 $h_{ij}=1$，$h_{ji}=1$，则判断 u_i 与 u_j 同样重要；

当 $h_{ij}=3$，$h_{ji}=1/3$，则判断 u_i 比 u_j 稍微重要；

当 $h_{ij}=5$，$h_{ji}=1/5$，则判断 u_i 比 u_j 明显重要；

当 $h_{ij}=7$，$h_{ji}=1/7$，则判断 u_i 比 u_j 特别重要；

当 $h_{ij}=9$，$h_{ji}=1/9$，则判断 u_i 比 u_j 极端重要。

其中，2、4、6、8 表示取 2、4、6、8 和 1/2、1/4、1/6、1/8 各值，是 i、j 两个因素之间重要性等级介于上述两个相邻等级的中间值。即得到判断矩阵：

$$H=(h_{ij})_{n\times n}\begin{bmatrix} h_{11} & h_{12} & \cdots & h_{1n} \\ h_{21} & h_{22} & \cdots & h_{2n} \\ \cdots & \cdots & \cdots & \cdots \\ h_{n1} & h_{n2} & \cdots & h_{nm} \end{bmatrix}$$

（3）计算判断矩阵。计算判断矩阵 H 的最大特征根 $\lambda_{max}=\dfrac{\sum(HW)_i}{nW_i}$ 及其对应的特征向量 W，这个特征向量表示各个评价因素的重要程度，也就是各个评价因素的权重系数。

（4）一致性检验。为进行判断矩阵的一致性检验，需计算一致性指标 $CI=\dfrac{\lambda_{max}-n}{n-1}$，平均随机一致性标 RI。然后对这些 CI 值平均即得到平均随机一致性指标 RI 值。当随机一致性比率 CR = CI/RI < 0.10 时，认为层次分析具有很好的一致性，即权系数的分配是合理的；否则，要对判断矩阵的取值进行调整，重新分配权系数的值（如表 9 - 7 所示）。

表 9 - 7　　　　　　　随机一致性指标 RI 的数值

n	1	2	3	4	5	6	7	8	9	10	11
RI	0	0	0.58	0.90	1.12	1.24	1.32	1.41	1.45	1.49	1.51

9.4.5 指标体系的模糊综合评价方法

模糊综合评价法是一种基于模糊数学的综合评价方法。该综合评价法根据模糊数学的隶属度理论把定性评价转化为定量评价,即用模糊数学对受到多种因素制约的事物或对象做出一个总体的评价。该方法首先将评价对象设置为一个集合评价集,再分别确定每一个评价因素(指标)的隶属度和权重,计算得到模糊评价矩阵,然后将评价因素(指标)的权重向量与模糊评价矩阵进行矩阵计算并归一化,最后得到模糊评价结果。其主要特点是逐个对对象进行评价,每个评价对象都有唯一的评价值,不受其他评价对象的影响,最终的结果可以用来进行好坏比较,挑选出最优的评价对象;同时可以对评价对象的多个影响因素进行评判,找出影响较大的重点需要改进的影响因素。

(1) 确定评价指标。设 $u = \{u_1, u_2, \cdots, u_p\}$ 为评价对象的 P 个评价指标。

(2) 明确评价等级。$v = \{v_1, v_2, \cdots, v_p\}$ 为每一个评价因素(指标)等级状态的判断,即等级集合。每一个等级可对应一个模糊子集。

(3) 构建模糊矩阵 R。在构造了等级模糊子集后,要对被评事物从每个指标 $u_i(i = 1, 2, \cdots, p)$ 上逐个进行量化,即确定从单因素来看被评事物对等级模糊子集的隶属度 $(R \mid u_i)$,进而得到模糊关系矩阵:

$$R = \begin{bmatrix} R \mid u_1 \\ R \mid u_2 \\ \cdots \\ R \mid u_p \end{bmatrix} = \begin{bmatrix} r_{11} & r_{12} & \cdots & r_{1m} \\ r_{21} & r_{22} & \cdots & r_{2m} \\ \cdots & \cdots & \cdots & \cdots \\ r_{p1} & r_{p2} & \cdots & r_{pm} \end{bmatrix}_{p.m}$$

矩阵 R 中第 i 行第 j 列元素 r_{ij},表示某个被评事物从因素 u_i 来看对 v_j 等级模糊子集的隶属度。一个被评事物在某个因素 u_i 方面的表现,是通过模糊向量 $(R \mid u_i) = (r_{i1}, r_{i2}, \cdots, r_{im})$ 来描述的,而在其他评价方法中多是由一个指标实际值来描述的,因此从这个角度讲模糊综合评价要求更多的信息。

（4）确定评价因素的权向量。在模糊综合评价中，确定评价因素的权向量：$A = (a_1, a_2, \cdots, a_p)$。权向量 A 中的元素 a_i 本质上是因素 u_i 对模糊子｛对被评事物重要的因素｝的隶属度。本书使用层次分析法来确定评价指标的权重系数，即 $\sum_{i=1}^{p} a_i = 1$，$a_i \geq 0$，$i = 1, 2, \cdots, n$。

（5）模糊合成综合评价结果向量。将 A 与各被评价指标的 R 进行计算，得到各评价指标的模糊综合评价结果向量 B。即：

$$A \circ R = (a_1, a_2, \cdots, a_p) \begin{bmatrix} r_{11} & r_{12} & \cdots & r_{1m} \\ r_{21} & r_{22} & \cdots & r_{2m} \\ \cdots & \cdots & \cdots & \cdots \\ r_{p1} & r_{p2} & \cdots & r_{pm} \end{bmatrix}$$

$$= (b_1, b_2, \cdots, b_m) = B$$

其中 b_j 是由 A 与 R 的第 j 列运算得到的，它表示被评事物从整体上看对 v_j 等级模糊子集的隶属程度。

（6）分析模糊评价结果。实际中最常用的方法是最大隶属度原则，首先计算出每个评价因素的隶属度，然后通过加权求和得出每个评价因素的等级并进行排序，并对排序结果的影响因素进行分析。根据评定等级确定的准则，将评定等级分为好、良好、一般、差。

9.5 管理体系评价与优化实例——以 Z 企业为例

9.5.1 Z 企业情况简介

Z 企业是于 2009 年建立的食品类 B2C 电子商务网站，目标是发展成为国内最知名、最安全的食品综合购物网站。其作为中国最大的食品电商网站之一，是中粮集团旗下唯一的食品购物网站，同时也是最先涉足且最专业的生鲜电商，目前是垂直食品电商领域中的第一名。企业的使命是让更多用户享受更便捷的购物，吃上更放心的食品。Z 企业网络销售的生鲜农产品包括：生鲜肉类（牛肉、猪肉为主）、牛奶、蔬菜、水果、水产品、海鲜等，以国内最大的牛肉进口商和国内肉食最有实力的肉制品厂商为供应来源，与国内有机优质蔬菜水果种植农场建立长期的合作关系。

基于整条供应链的食品质量管理是 Z 企业的独特优势。主要体现在：（1）在生产环节，Z 企业借力中粮集团全球供应链布局，全球直采。事先会对销售产品的供应商、原材料产地情况、加工生产环节进行严格考核，从食品源头开始严格把关，并在网站上公布详细的食品信息，既保证产品质量，又能提高消费者对食品的认知；（2）在品牌建设方面，与战略供应商建立联合品牌，打造非标品，建立差异化竞争优势，例如建设国内首家食品电商定制化车间，与大洋世家定制化商品的制作，提供稳定的海鲜产品供应；（3）在仓储物流环节，Z 企业根据不同种类的食品制定不同的仓储标准，物流方面 Z 企业在全国 60 多个城市建立了全程冷链配送网络，现有低温仓数量 4 个，2016 年在 11 个城市新增低温仓，进一步扩大了生鲜的配送范围，保证产品在生产、加工、运输配送过程中的质量。此外，Z 企业又建立了一套食品可追溯体系、应急预案及商品召回制度，确保对整个食品供应链产品质量安全的有效控制。（4）在销售网络方面，搭建线上、线下立体化的在线分销平台，将海外供应链独特商品通过在线平台进行分销，触及区域性经销商与零售商，覆盖全国范围，拓展销售规模。

9.5.2 Z 企业网络消费信任的生鲜农产品管理体系评价

9.5.2.1 评价指标权重确定

以基于网络消费信任的生鲜农产品管理评价指标体系为依据，分别邀请 7~10 名专业从事供应商管理、冷链物流管理、消费者满意度管理研究的专家学者，采用调查问卷的方式对指标之间的重要性判断矩阵进行打分（见附录6），然后根据这些比较数据，运用层次分析法，得出指标重要性比较判断矩阵，确定一级、二级指标的相对权重，并计算得出一致性检验结果。

（1）判断矩阵 A-B 表示相对于目标层 A，各一级指标的相对重要性比较，详见表 9-8。

表 9-8　　　　　A-B 判断矩阵及权重

A	B_1	B_2	B_3	W
B_1	1.000	1.078	1.124	0.355
B_2	0.928	1.000	1.115	0.337
B_3	0.890	0.897	1.000	0.309

注：λ_{max} = 3.004、CI = 0.002、RI = 0.58、CR = 0.004 < 0.10。

表明判断矩阵符合一致性。

（2）判断矩阵 B_1-C 表示相对于一级指标 B_1，其下面二级指标的相对重要性比较，详见表 9-9。

表 9-9　　　　　B_1-C 判断矩阵及权重

B_1	C_{11}	C_{12}	C_{13}	C_{14}	C_{15}	C_{16}	w
C_{11}	1.000	1.131	1.709	1.387	1.258	1.836	0.221
C_{12}	0.884	1.000	1.324	1.167	1.023	1.678	0.188
C_{13}	0.585	0.755	1.000	0.896	0.876	1.243	0.142
C_{14}	0.721	0.857	1.116	1.000	0.826	1.415	0.158
C_{15}	0.795	0.978	1.142	1.211	1.000	1.121	0.169
C_{16}	0.545	0.596	0.805	0.707	0.892	1.000	0.122

注：λ_{max} = 6.017、CI = 0.003、RI = 1.24、CR = 0.003 < 0.10。

表明判断矩阵符合一致性。

（3）判断矩阵 B_2-C 表示相对于一级指标 B_2，其下面二级指标的相对重要性比较，详见表 9-10。

表 9-10　　　　　　　$B_2 - C$ 判断矩阵及权重

B_2	C_{21}	C_{22}	C_{23}	C_{24}	C_{25}	C_{26}	w
C_{21}	1.000	0.864	1.157	1.623	0.816	0.908	0.168
C_{22}	1.157	1.000	1.482	1.804	0.926	1.254	0.202
C_{23}	0.864	0.675	1.000	1.325	0.768	0.871	0.146
C_{24}	0.616	0.554	0.755	1.000	0.502	0.643	0.108
C_{25}	1.225	1.080	1.302	1.992	1.000	1.114	0.204
C_{26}	1.101	0.797	1.148	1.555	0.898	1.000	0.173

注：$\lambda_{max} = 6.006$、$CI = 0.001$、$RI = 1.24$、$CR = 0.001 < 0.10$。

表明判断矩阵符合一致性。

（4）判断矩阵 $B_3 - C$ 表示相对于一级指标 B_3，其下面二级指标的相对重要性比较，详见表 9-11。

表 9-11　　　　　　　$B_3 - C$ 判断矩阵及权重

B_3	C_{31}	C_{32}	C_{33}	C_{34}	C_{35}	C_{36}	w
C_{31}	1.000	0.879	0.923	1.136	0.836	0.778	0.151
C_{32}	1.138	1.000	1.128	1.409	0.962	0.935	0.179
C_{33}	1.083	0.887	1.000	1.197	0.893	0.626	0.154
C_{34}	0.880	0.710	0.835	1.000	0.761	0.702	0.133
C_{35}	1.196	1.040	1.120	1.314	1.000	0.979	0.182
C_{36}	1.285	1.070	1.597	1.425	1.021	1.000	0.201

注：$\lambda_{max} = 6.011$、$CI = 0.002$、$RI = 1.24$、$CR = 0.002 < 0.10$。

表明判断矩阵符合一致性。

9.5.2.2　Z 企业基于网络消费信任的生鲜农产品管理的模糊综合评价结果分析

根据评定等级确定的准则，本书将评定等级分为四级，即：好、良好、一般、差。为了便于计算，我们将主观评价的语义学标度进行量化，

第9章 基于网络消费信任的农产品管理体系构建与评价

并依次赋值为4、3、2、1。主观测量是用四级语义学标度。所设计的评价定量标准详见表9-12。

表9-12　　　　　评价定量分级标准

评价值	评语	定级
$x_i > 3.5$	好	E1
$2.5 < x_i \leq 3.5$	良好	E2
$1.5 < x_i \leq 2.5$	一般	E3
$x_i \leq 1.5$	差	E4

采用加权平均型的模糊合成算子。计算公式为：

$$b_i = \sum_{i=1}^{p}(a_i \cdot r_{ij}) = \min(1, \sum_{i=1}^{p} a_i \cdot r_{ij}), j=1, 2, \cdots, m \quad (9-3)$$

式（9-3）中，b_i，a_i，r_{ij}分别为隶属于第j等级的隶属度、第i个评价指标的权重和第i个评价指标隶属于第j等级的隶属度。

调研分别基于供应商管理、冷链物流管理和消费者满意度管理三个方面进行（见附录7）。

（1）Z企业供应商管理的评估向量。以Z企业采购部分主要负责人、各级管理人员、普通员工及主要合作供应商作为调查对象，共发放调查问卷180份，回收176份，回收率为97.8%，通过逻辑性和完整性筛选，获得有效问卷158份，有效率为89.8%。经过计算分析，得出Z企业供应商管理的评估向量如下：

$$B_1 = (0.221, 0.188, 0.142, 0.158, 0.169, 0.122)$$

$$\begin{pmatrix} 0.051 & 0.380 & 0.494 & 0.075 \\ 0.203 & 0.443 & 0.329 & 0.025 \\ 0.063 & 0.253 & 0.469 & 0.215 \\ 0.000 & 0.152 & 0.494 & 0.354 \\ 0.089 & 0.392 & 0.367 & 0.152 \\ 0.000 & 0.139 & 0.456 & 0.405 \end{pmatrix}$$

$$= (0.073, 0.310, 0.433, 0.183)$$

(2) Z 企业冷链物流管理的评估向量。以 Z 企业物流、存储部门主要负责人、各级管理人员、普通员工作为调查对象，共发放调查问卷 90 份，回收 82 份，回收率为 91.1%，有效问卷 78 份，有效率为 86.7%。

$$B_2 = (0.168, 0.202, 0.146, 0.108, 0.204, 0.173)$$

$$\begin{pmatrix} 0.215 & 0.405 & 0.228 & 0.152 \\ 0.202 & 0.316 & 0.304 & 0.178 \\ 0.241 & 0.266 & 0.418 & 0.075 \\ 0.114 & 0.227 & 0.430 & 0.229 \\ 0.253 & 0.354 & 0.291 & 0.102 \\ 0.316 & 0.443 & 0.101 & 0.140 \end{pmatrix}$$

$$= (0.231, 0.344, 0.284, 0.141)$$

(3) Z 企业消费者满意度管理的评估向量。对有过在 Z 企业网购生鲜农产品购买经历的人进行实地走访调查的方式，共发放调查问卷 50 份，回收 50 份，回收率为 100%，有效问卷 49 份，有效率为 98%。

$$B_3 = (0.151, 0.179, 0.154, 0.133, 0.182, 0.201)$$

$$\begin{pmatrix} 0.082 & 0.327 & 0.429 & 0.162 \\ 0.102 & 0.347 & 0.408 & 0.143 \\ 0.061 & 0.245 & 0.531 & 0.163 \\ 0.143 & 0.367 & 0.449 & 0.041 \\ 0.224 & 0.387 & 0.367 & 0.022 \\ 0.163 & 0.204 & 0.469 & 0.164 \end{pmatrix}$$

$$= (0.132, 0.309, 0.440, 0.119)$$

(4) Z 企业网络消费信任的生鲜农产品产品管理的综合评估向量。

$$A = (0.355, 0.337, 0.309) \begin{pmatrix} 0.073 & 0.310 & 0.439 & 0.183 \\ 0.231 & 0.344 & 0.284 & 0.141 \\ 0.132 & 0.309 & 0.440 & 0.119 \end{pmatrix}$$

$$= (0.145, 0.321, 0.384, 0.150)$$

计算各项指标综合评估值

$$V_A = 4 \times 0.145 + 3 \times 0.321 + 2 \times 0.384 + 1 \times 0.150 = 2.471;$$

$V_{B_1} = 4 \times 0.073 + 3 \times 0.310 + 2 \times 0.439 + 1 \times 0.183 = 2.283$；

$V_{B_2} = 4 \times 0.231 + 3 \times 0.344 + 2 \times 0.284 + 1 \times 0.141 = 2.665$；

$V_{B_3} = 4 \times 0.132 + 3 \times 0.309 + 2 \times 0.440 + 1 \times 0.119 = 2.454$。

由上述计算可知，所调查的 Z 企业网络消费信任的生鲜农产品管理总体评价分值为 2.471，评语为"一般"，属于 E3 级。二级管理评价指标中，Z 企业冷链物流管理的评价分值为 2.665，评语为"良好"，属于 E2 级，供应链管理和消费者满意度管理的评价分值分别为 2.283 和 2.454，评价结果均为"一般"，属于 E3 级。在供应商管理方面，投诉处理满意程度、产品信息完备性的评价得分较低，分别为 1.798、1.734。在消费者满意度管理方面，品牌形象建设能力和个性化服务质量的评分较低，分别为 2.329、2.204。

9.5.3 Z 企业生鲜农产品管理体系存在的问题及其原因

通过基于网络消费者信任的生鲜农产品管理评价体系的评估结果发现，Z 企业生鲜农产品管理体系中在供应商管理方面和消费者满意度管理方面存在较多的不足，例如在产品质量安全、投诉处理效率、产品信息完备性、品牌形象建设能力、个性化服务质量等方面得分较低。通过实地访谈和了解分析可知，Z 企业生鲜农产品管理体系主要存在的问题及其形成原因如下。

（1）与供应商的合作关系不够紧密。Z 企业作为生鲜农产品电子商务的经营者和组织者，其客户定位与传统超市比较具有明显区别，主要是针对中高端食品消费者，这类消费者生活工作压力大、生活节奏快、对产品质量要求较高，主要钟情于绿色、有机、生态、特色的农产品，因此特别关心生鲜农产品生产源头的质量安全水平。这就需要从事生鲜农产品电子商务的 Z 企业对源头做好监控。通过调查与评价发现，Z 企业经营上百种品类的生鲜食品，除了与中粮集团直接合作以外，还与国内外很多食品供应商建立合作关系。随着产品种类与供应商数量的不断增加，企业自身难以对每个供应商的所有产品实施有效地质量监管，不可避免出现一些产品质量不合格问题，这些如果处理不好，将来都会成为影响企业声誉和消费满意度。

（2）对消费者投诉反应不够及时。通过调查评价发现，当消费者对产品质量进行投诉并要求尽快解决时，Z企业需要将消费者投诉内容反馈给相应的生鲜农产品供应商，与这些供应商一起解决。但在实际操作中，由于一些供应商分布在较远位置，有的甚至在国外，Z企业自身与供应商之间的合作关系还不够紧密，或者时间较短，处理问题时存在沟通障碍，导致在处理消费者投诉时，因距离、时差、运输、语言等一系列原因，出现投诉处理时间较长，甚至因为双方责任不清而相互推诿等现象，使得问题迟迟无法得到有效解决，极大地影响了网络消费者的信任和企业的信誉。

（3）物流配送服务质量不稳定。Z企业发展初期主要面向的是北京市及周边地区客户，并针对这些区域建有专业的配送公司和完整的仓储物流系统，通过提升库存准确度和发货率，减少了消费者等候货物的时间。目前Z企业在北京及周边地区的服务基本是24小时内即可完成送货，订单在50元钱以上免快递费。优质的包装盒和细致的包装，使得很多消费者在第一次网购后便被优质的服务所打动，从而成为其忠实顾客。但是北京及周边以外地区，Z企业产品送货主要由第三方物流公司负责，因此对货物发出后的物流时间难以掌控，物流配送服务质量不稳定，导致一些北京外地区的顾客因配送速度慢而提起投诉。

（4）需求与供给不平衡。Z企业网络销售生鲜农产品的种类以新鲜的畜禽冷鲜肉（包括进口和国产的牛、羊、猪、禽肉及蛋类）、水产品（包括虾、鱼、贝、蟹、鲍、干货等）和水果蔬菜为主。相比较而言，顾客可选择的畜禽冷鲜肉与水产品的种类较多，而且有国内外多家供应商可进行比较。但水果与蔬菜的种类很少，其中很多在销售的某种水果或蔬菜（仅销售冷冻蔬菜）不仅种类少，而且仅有一家供应商提供，产品种类丰富程度较低，顾客可选择余地很少，很难满足顾客的个性化需求。

（5）产品信息不完全。通过调查发现，Z企业商品介绍页面的最大问题是"介绍过于简单"。正常情况下，用户评价往往是消费者在网上商城选择某一商品的重要依据，但Z企业网站上不少商品用户评价数量为0，消费者只能通过死板而官方的商品介绍去评估；并且，Z企业网站上提供的商品照片精度有限，点击放大以后，商品包装上的信息仍无法清晰地显示出来。网页上的商品展示缺少图片局部细节放大功能，商品介绍上缺少配图，更重要的是没有商品局部、细节展示，不能很好地调动消费者的购买欲。

（6）品牌形象建设不足。Z企业进行生鲜农产品的网络销售主要是依靠中粮集团的品牌和农产品生产供给能力。在品牌形象建设和宣传中主要是借助中粮的品牌形象和影响力，对网购平台自身的品牌形象设计及建设投入不足，品牌竞争力与优菜、依谷、顺丰优选等网站相比不占优势，主要原因包括：一是自身经营规模尤其是生鲜农产品规模和市场占有率较小，导致品牌社会知名度不足；二是产品质量的稳定性还需要进一步提高，消费者对有些产品的本身及物流配送有时会出现不满意情况，影响了Z企业网站品牌的美誉度和忠诚度；三是一些生鲜农产品供给种类和数量尚不稳定，例如不同时期生鲜农产品种类和数量之间会有较大差异，消费者很容易从其他生产农产品网站上进行购买和替代，导致消费者对网站的信任下降。

9.5.4　Z企业生鲜农产品管理体系优化的措施

（1）建立稳定的供应链战略合作关系。Z企业电商平台利用自身的网络营销渠道优势与供应商建立了长期的战略联盟合作关系，通过签订长期的供货合同，通过自身掌握的顾客需求信息，把握市场需求情况及变化，帮助供应商一起制订合理的生产供给计划，解决供求不平衡的问题，更有效地满足消费者的需求，保证生鲜农产品供给数量和质量的稳定。

（2）提高供应商生鲜农产品产品质量的稳定性。Z企业电商平台与供应商合作建立全链条的质量保障体系和以ERP为基础的全程质量管理追溯系统，利用远程网络、信息化管理软件和卫星技术，全面监控供应商的每一个生鲜农产品生产加工环节，同时可以在销售网站上将这些图片影像资料提供给消费者观看，共同对供应商生鲜农产品质量进行有效监督，提高消费者对生鲜农产品质量的认可和信任，真正实现了产品质量与价格的统一，既提高了整条供应链的产品价值，又增强了供应商提高生鲜农产品质量稳定性的动力。

(3) 加强网络上优质生鲜农产品的精准式营销。在网络上购买消费生鲜农产品的消费者一般工作生活压力大，时间紧张，无暇了解优质生鲜农产品的有关信息，或者缺乏了解这些信息的有效渠道。因此，在网站上需要针对中高端消费人群进行精准式营销，借助现代信息技术，根据消费者不同的消费兴趣和需求，将目标消费者感兴趣的优质生鲜农产品生产加工质量信息、促销信息传送过去，增强消费者的消费意愿和对网站中生鲜农产品"优质优价"的认可。

(4) 发挥品牌形象的规模效应。Z企业电商平台在生鲜农产品网络营销过程中，不仅只在网站上突出自身的企业品牌信息，还可在产地标识上突出产地品牌形象，在产品外包装和宣传画册上突出产品品牌形象，在冷链配送车辆上、配送员工制度等方面突出产业链品牌形象，从而提高品牌形象建设的规模效应。

(5) 完善冷链物流体系。《国家新型城镇化规划（2014～2020年）》中要求"完善农产品流通体系，健全覆盖农产品各环节的冷链物流体系，并加快发展农产品电子商务，降低流通费用。"生鲜农产品在运输过程中最大的难点就是保鲜技术，Z企业在北京、上海及周边地区自建了冷链物流体系，目前仍然以第三方物流为主，目前急需要首先在以广州、深圳为中心的华南地区投入自建物流系统，然后再向其他中心城市扩散，尤其要以自建冷链物流为主，进而扩大整体的配送规模，降低配送成本，提高冷链配送效率和及时性。

(6) 提高消费者投诉处理能力。Z企业要重视对生鲜农产品质量投诉的处理。首先，要完善消费者投诉处理的沟通渠道，开通电话、网络、人员等多种渠道的投诉体系，使得消费者能够快速方便地向企业反馈质量和配送方面的问题，企业能够及时了解和解决消费者在网络购买和消费农产品过程中遇到的问题；其次，Z企业电商平台要督促合作的供应商建立独立的问题投诉处理机构，并与Z企业的投诉部门进行对接，建立24小时沟通热线，随时共同处理消费者投诉的问题。最后，建立投诉奖惩制度，对投诉处理及时、消费者满意度高的供应商给予充分的奖励，对投诉处理拖沓、消费者评价低的产品供应商给予严厉惩罚。

9.6 本章小结

在对农产品消费网络信任构成主体——个体认知、组织机构（第三方认证、专家）进行分析之后，继而对组织机构成员关系进行了博弈分析。在此基础上，本章节以生鲜农产品为研究对象，从供应商管理、冷链物流配送管理、顾客满意度管理三个环节探讨网购信任下的农产品管理体系构建及其评价。

本章首先根据网络消费信任的生鲜农产品管理评价指标体系构建的原则，在生鲜农产品管理的主要环节、生鲜农产品消费特征、网络消费信任评价的主要方面分析的基础上，根据对消费者网络购买生鲜农产品的信任程度的主要影响因素的问卷调查与统计分析，从善意、能力和诚实三个方面，确定了用于评价生鲜农产品供应链上游供应商管理、中游物流配送管理、下游消费者满意度管理方面的9个评价指标，继而采用模糊评价法进行权重确定、指标评价，并以Z企业为例进行管理体系评价与优化实证分析，最后提出优化Z企业生鲜农产品管理体系的措施：（1）建立稳定的供应链战略合作关系；（2）提高供应商生鲜农产品质量的稳定性；（3）加强网络上优质生鲜农产品的精准式营销；（4）发挥品牌形象的规模效应；（5）完善冷链物流体系；（6）提高消费者投诉处理能力。

附录 1

绿色产品认知测量问卷

1. 给个机会，您会愿意做以下哪些？	非常愿意	愿意	无所谓	不愿意	极不愿意
a）回收纸、塑料和铝制产品	□	□	□	□	□
b）开汽油和电力两用汽车，尽管成本会更高	□	□	□	□	□
c）在家里安装节能灯	□	□	□	□	□
d）去超市买东西时会去找寻有可回收标记的包装盒的产品	□	□	□	□	□
e）去超市购物使用自然环保的、可回收的包装袋	□	□	□	□	□
f）购买有机食品	□	□	□	□	□
g）不使用时顺手关闭电灯和电器	□	□	□	□	□
h）如果有机会装修房子，会依照绿色合理、不破坏环境的方式去做，如不破坏树木、不破坏房子结构，尽管这样做成本可能会更高	□	□	□	□	□
i）购买家用设施时会选择有"节能环保"标记的产品	□	□	□	□	□
j）愿意付更多钱去购买可回收对环境无害的清洁产品，如清洁剂、洗发水等	□	□	□	□	□

附录1 绿色产品认知测量问卷

k）办理"绿色银行"——在线支付、在线转账	□	□	□	□	□
l）家里使用可再生资源——风力发电、太阳能等	□	□	□	□	□

2. 关于安全（有机）食品，您认为它是？	非常赞成	同意	一般	不同意	反对
a）因为不含化学成分，对健康有益，我肯定会选择	□	□	□	□	□
b）因为没有喷洒农业和化肥，可以保护环境	□	□	□	□	□
c）买的时候我总是比较纠结，因为有机食品比较贵	□	□	□	□	□
d）太贵了，有机水果和蔬菜看上去不那么好看，而且比较容易长虫子，我不会轻易购买	□	□	□	□	□
e）我不能确定它就是有机的，而且贵，通常我不会买	□	□	□	□	□
f）我吃过有机食品，感觉很好，味道不错也很新鲜	□	□	□	□	□
g）含有更多的矿物质和其他有用成分，有更高的营养价值	□	□	□	□	□

3. 对您自己的身体健康，您会？	非常愿意	愿意	无所谓	不愿意	极不愿意
a）我会关注最新的科学健康信息	□	□	□	□	□
b）对于有关健康的报告，我会认真去评价其真实性和正确性	□	□	□	□	□

· 187 ·

c) 我不太喜欢去了解如何吃得更健康 □ □ □ □ □

d) 我会定期去做体检 □ □ □ □ □

e) 我是直到真正感觉不舒服了才会去医院看病 □ □ □ □ □

f) 好的饮食可以阻止心脏病和癌症的发生 □ □ □ □ □

4. 您如何看待购买有机食品？　非常赞成　同意　一般　不同意　反对

a) 购买有机食品的人都是比较有修养的人 □ □ □ □ □

b) 有钱人才买得起有机食品 □ □ □ □ □

c) 购买有机食品的人环保意识比较强 □ □ □ □ □

d) 懂得有机食品，并能识别它与普通食品区别的人才会购买有机食品 □ □ □ □ □

e) 购买有机食品更多应该是一些有身份和地位的人 □ □ □ □ □

f) 买有机食品的人把家人和孩子的健康放在第一，家庭责任感比较强 □ □ □ □ □

5. 当您看到有机食品标签时，您相信上面所标的信息吗？　非常赞成　同意　一般　不同意　反对

a) 政府对有机食品的生产加工商已经制定了相关法律法规进行管理控制，所以，我信任 □ □ □ □ □

b) 电视杂志经常介绍，我觉得可以信任 □ □ □ □ □

附录1 绿色产品认知测量问卷

c）之所以信任有机标识是因为我的朋友已经吃过，我才放心买 □ □ □ □ □

d）标签上标明了原产地、生产日期，厂家名字并配有图片，所以我相信 □ □ □ □ □

e）对我来说，消协、行业协会就应该会对有机食品的生产与管理有必要的控制，所以，如果标签上有消协等标志，我就会买 □ □ □ □ □

f）眼见为实，只有我去实地看了种植或养殖过程，我才会真正相信 □ □ □ □ □

6. 对于网上买吃的，您认为？	非常赞成	同意	一般	不同意	反对
a）不放心网上买吃的，怕不安全	□	□	□	□	□
b）如果网店描述了详细的生产过程、生产环境，我会考虑选择	□	□	□	□	□
c）如果是官网，或者是商城，我会比较信任在店里购买	□	□	□	□	□
d）在聚划算、拉手网里的水果蔬菜等的团购活动，因为买的人多，又便宜，所以信任	□	□	□	□	□
e）相比一般网店，我更倾向选择那种经常参加慈善捐助活动的网店	□	□	□	□	□
f）对于蔬菜、水果、鱼肉等生鲜食品，担心买回来不新鲜	□	□	□	□	□
g）平时没时间逛超市，网上购买方便省时还便宜，我会买	□	□	□	□	□

受访者背景信息

1. 性别：□男　□女

2. 年龄：18~24 岁　□25~35 岁　□36~45 岁　□46~55 岁 □55 岁以上

3. 工作年限：1~3 年　□4~8 年　□9~15 年　□16~25 年 □25 年以上

4. 学历：□大专以下　□本科　□硕士以上

5. 您在网上买过吃的吗？

□有　□没有

6. 您有几年的网购经历？

□1 年以下　□1~3 年　□3~8 年　□8 年以上　□没有

7. 您在现有的收入（元）最接近哪个？

□1 万以上　□6000~10000 元

□3000~6000 元　□3000 元以下

附录 2

消费者有机食品认知与信任调研问卷
（中美两国共用）

1. 环保意识	绝不可能				极有可能
a）回收纸、塑料或铝产品	1	2	3	4	5
b）在家里使用节能照明灯	1	2	3	4	5
c）购物的时候使用环保袋	1	2	3	4	5
d）购买有机食品	1	2	3	4	5
e）不使用电灯和电器的时候关闭电源	1	2	3	4	5
f）装修房屋的时候会参照环保指南	1	2	3	4	5
g）购买相对较贵的环保清洁产品	1	2	3	4	5
h）使用可再生能源（风力发电、太阳能等）	1	2	3	4	5

2. 请表明您的看法：	强烈反对				完全支持
a）购买有机食品的人们通常受教育程度较高	1	2	3	4	5
b）只有有钱人才买得起有机食品	1	2	3	4	5
c）我相信电视上和广播里对有机食品好处的宣传	1	2	3	4	5

d）当亲戚朋友们向我推荐了有机产品之后，我会购买它	1	2	3	4	5
e）我相信有机食品包装袋上面标注安全字样的标签	1	2	3	4	5
f）如果医生建议我购买有机食品，我会购买	1	2	3	4	5
g）我会仔细地评估科学健康报告的有效性和真实性	1	2	3	4	5

3. 请表明您对下列事项的看法：

	强烈反对				完全支持
a）我会关注最新的科学健康信息	1	2	3	4	5
b）我会定期去做体检	1	2	3	4	5
c）我会购买有实体店的网店的商品	1	2	3	4	5
d）网上的价格比较便宜，这让我更倾向于使用网络购物	1	2	3	4	5
e）我选择网络购物是因为能够节省时间	1	2	3	4	5
f）我会在支持慈善组织的网店里选购商品	1	2	3	4	5

4. 请问您进行下列网络购物活动的频率

	从不	很少				很频繁
a）订披萨或者其他外卖小吃	0	1	2	3	4	5
b）买衣服和配饰	0	1	2	3	4	5
c）预订机票、酒店及用车服务	0	1	2	3	4	5
d）购买电子产品及其配件	0	1	2	3	4	5
e）购买书籍或者光碟	0	1	2	3	4	5

附录2　消费者有机食品认知与信任调研问卷（中美两国共用）

f）在线支付购买正版影音	0	1	2	3	4	5
g）购买新鲜水果和蔬菜	0	1	2	3	4	5

受访者背景信息

1. 性别：□男　□女
2. 年龄：18～22岁　□23～25岁　□26～30岁　□31～40岁　□41～50岁　□50岁以上
3. 您购买的新鲜水果和蔬菜当中，有机水果和蔬菜占多大比率？
　　□少于5%　□5%～10%　□11%～25%　□26%～50%　□50%以上
4. 您在线购买的商品有多少是用来作为礼物送人的？
　　□少于5%　□5%～10%　□11%～25%　□26%～50%　□50%以上
5. 受教育水平：□高中　□专科　□本科　□研究生
6. 族群：□欧美/高加索人　□非裔美国人　□西班牙/拉丁美洲人　□亚洲　□其他地区

· 193 ·

附录3

双重体系下消费者信任与购买意愿的调查问卷

第一部分 消费者认知调查

1. 您是否关注大米的安全问题?

□非常不关注 □比较不关注 □一般 □比较关注
□非常关注

2. 您认为大米的安全风险有哪些?(多选题)

□重金属污染 □农药残留 □食品添加剂 □微生物超标
□其他

3. 最近一年内,您自己或者周围的人是否遭受过农产品安全事件,如食用大米中毒等

□有 □没有

4. 您对食用的大米质量安全状况满意吗?

□非常不满意 □比较不满意 □一般 □比较满意
□非常满意

5. 您是否听说过无公害大米?

□没听说过 □不了解 □听说过 □比较了解
□非常了解

6. 您是否见过下列标识?

附录3　双重体系下消费者信任与购买意愿的调查问卷

□没有　　　　　□见过

如果见过，信息的主要来源是（单选题）：

□电视　　　　　□报纸　　　　　□杂志　　　　　□网络

□销售人员的介绍　　　　　□亲戚朋友

□农产品包装上的说明和标识　　　□其他渠道

7. 您认为下列哪种渠道发布的农产品安全信息最可信？（可多选）

□农业部　　　　　　　　　□农产品行业协会

□新闻媒体业　　□农产品经营者　□农产品生产者　□其他渠道

8. 您是否了解无公害大米需要经过监管部门严格的认证和检测？

□没听说过　　□不了解　　　□听过　　　　□比较了解

□非常了解

9. 您是否了解大米可追溯体系？

□没听说过　　□不了解　　　□听说过　　　□比较了解

□非常了解

10. 您是否了解大米可追溯体系可以提供大米生产、加工过程中的原料信息？

□没听说过　　□不了解　　　□听说过　　　□比较了解

□非常了解

11. 您是否了解在发生大米安全事件后，您可通过追溯体系追踪责任主体？

□没听说过　　□不了解　　　□听说过　　　□比较了解

□非常了解

12. 到目前为止，您是否了解信息可追溯体系和质量安全认证体系之间的区别与联系？

□没听说过　　　□不了解　　　□听说过　　　□比较了解
□非常了解

13. 您是否听说过可追溯无公害大米？
□没听说过　　　□不了解　　　□听说过　　　□比较了解
□非常了解

第二部分　消费者对各主体的信任调查

14. 您认为大多数人能够胜任他们的工作吗？
□非常不相信　　□比较不相信　　□一般　　　□比较相信
□非常相信

15. 您认为大多数人的言行是一致的吗？
□非常不相信　　□比较不相信　　□一般　　　□比较相信
□非常相信

16. 您认为大多数人都是诚实的吗？
□非常不相信　　□比较不相信　　□一般　　　□比较相信
□非常相信

17. 您相信农户拥有安全种植大米的技能和知识吗？
□非常不相信　　□比较不相信　　□一般　　　□比较相信
□非常相信

18. 您相信农户也吃自己种植的大米吗？
□非常不相信　　□比较不相信　　□一般　　　□比较相信
□非常相信

19. 您相信农户在可追溯体系中提供的大米信息是真实准确的？
□非常不相信　　□比较不相信　　□一般　　　□比较相信
□非常相信

20. 您相信大米加工企业的员工拥有安全加工大米的技能和知识吗？
□非常不相信　　□比较不相信　　□一般　　　□比较相信
□非常相信

21. 您相信大米加工企业的员工都愿意食用本企业加工的大米？
□非常不相信　　□比较不相信　　□一般　　　□比较相信

□非常相信

22. 您相信如果发生大米安全事件，大米加工企业会诚实以对，并承担相应的社会责任？
　　□非常不相信　　□比较不相信　　□一般　　　　□比较相信
　　□非常相信

23. 您相信政府在监管农产品的质量安全时能够坚守原则吗？
　　□非常不相信　　□比较不相信　　□一般　　　　□比较相信
　　□非常相信

24. 您相信政府会营造更好的制度环境使得双重安全体系顺利实施？
　　□非常不相信　　□比较不相信　　□一般　　　　□比较相信
　　□非常相信

25. 您相信政府公布的农产品安全信息是充分开放的吗？
　　□非常不相信　　□比较不相信　　□一般　　　　□比较相信
　　□非常相信

第三部分　消费者对质量安全认证和信息可追溯双重体系（以下简称"双重安全体系"）的总体信任调查

26. 总体上，您相信双重安全体系能够保障农产品的质量安全水平吗？
　　□非常不相信　　□比较不相信　　□一般　　　　□比较相信
　　□非常相信

27. 您认为双重安全体系能够满足您对大米安全保障的预期吗？
　　□非常不相信　　□比较不相信　　□一般　　　　□比较相信
　　□非常相信

28. 您认可尽快建立大米双重安全保障体系吗？
　　□非常不认可　　□比较不认可　　□一般　　　　□比较认可
　　□非常认可

29. 您相信双重安全体系所反映的产品信息吗？
　　□非常不相信　　□比较不相信　　□一般　　　　□比较相信
　　□非常相信

第四部分　消费者购买意愿调查

30. 您是否购买过可追溯无公害大米？

□没有　　　　　□有，偶尔购买　　□有，且经常购买

31. 您愿意购买可追溯无公害大米吗？

□非常不愿意　　□比较不愿意　　□一般　　　　□比较愿意
□非常愿意

32. 您愿意推荐其他人购买可追溯无公害大米吗？

□非常不愿意　　□比较不愿意　　□一般　　　　□比较愿意
□非常愿意

33. 您会接受可追溯无公害大米的溢价吗？

□非常不愿意　　□比较不愿意　　□一般　　　　□比较愿意
□非常愿意

34. 您能够接受可追溯无公害大米比普通大米高出多少价格比例？

□5%以下　　　□5%~10%　　　□10%~30%　　　□30%~50%
□50%以上

第五部分　消费者人口统计特征

1. 您的性别

□男　　　　　　□女

2. 您的年龄

□26岁以下　　　□26~35岁　　　□36~45岁　　　□46~60岁
□60岁以上

3. 您的学历

□高中及以下　　□大专　　　　　□本科　　　　　□硕士
□博士及以上

4. 您的收入水平

□1000元以下　　□1000~3000元　□3001~5000元
□5001~7000元　□7000元以上

5. 您家中有无未成年人员

□没有　　　　　□有

附录 4

专家信任对消费者购买安全农产品行为影响调研问卷

1. 公众的个人信任倾向	非常不同意	较不同意	一般	同意	非常同意
a）大多数人的言行都是一致的	□	□	□	□	□
b）与熟人相处应该无条件信任	□	□	□	□	□
c）与陌生人相处最好谨慎一点	□	□	□	□	□
d）大多数人都是只关心自己的利益	□	□	□	□	□
e）人性都是善良的	□	□	□	□	□

2. 公众对专家的信任感知（专家是指在学术、技艺等方面有专业技能或专业知识的人）	非常不同意	较不同意	一般	同意	非常同意
a）总体而言，专家还是值得信任的	□	□	□	□	□
b）专家提供的信息都是可信的	□	□	□	□	□
c）专家的建议都是有利于公众利益的	□	□	□	□	□
d）如果近期某位专家出现失信行为并损害了公众利益，您依然相信他	□	□	□	□	□

e）您相信非农业领域的专家发表对农产品安全问题看法　□　□　□　□　□

f）在某一具体领域中专家的技能一定比非专家的技能更精湛　□　□　□　□　□

g）您相信专家对安全农产品购买的建议　□　□　□　□　□

h）当购买安全农产品时应当听取专家的意见或建议　□　□　□　□　□

i）专家给您传递的农产品信息对您购买安全农产品有帮助　□　□　□　□　□

3. 专家信誉的评价	非常不同意	较不同意	一般	同意	非常同意
a）专家对社会所做的贡献会影响您对他的信任程度	□	□	□	□	□
b）专家的知名度会影响您对他的信任程度	□	□	□	□	□
c）专家的声誉影响您对他的信任程度	□	□	□	□	□
d）专家的口碑影响您对他的信任程度	□	□	□	□	□

4. 公众对专家能力的评价	非常不同意	较不同意	一般	同意	非常同意
a）您相信专家对未来事物发展趋势的预测	□	□	□	□	□
b）专家的预测一般都是准确的	□	□	□	□	□
c）比起国外的专家，国内专家的能力更强	□	□	□	□	□

附录4　专家信任对消费者购买安全农产品行为影响调研问卷

d）专家在处理紧急事件时的效率较常人更高　□　□　□　□　□

e）当发生农产品安全事故时，相关专家处理事件的结果您比较满意　□　□　□　□　□

5. 第三方评估对专家信任的影响（第三方是指一个正直中立的，定期对各领域专家进行考核并将结果及时公布给消费者作为信用考核的非营利组织）　非常不同意　较不同意　一般　同意　非常同意

a）如果存在一个中立、客观的第三方机构对专家信用进行综合评级，将有利于改善专家信任　□　□　□　□　□

b）第三方机构的存在可以减少专家失信行为的发生　□　□　□　□　□

c）您将会关注专家是否通过了第三方机构的考核与认证　□　□　□　□　□

d）如果专家获得第三方机构的认证，该专家更值得信任　□　□　□　□　□

6. 公众的理性计算调查（理性计算指消费者通过衡量被信任者选择欺骗或诚信的成本—收益的结果，从而来决定是否选择信任被信任者）　非常不同意　较不同意　一般　同意　非常同意

a）迄今为止，专家的失信行为是普遍的　□　□　□　□　□

b）您了解农业领域专家的个人信息　□　□　□　□　□

c）专家会为了一己私利而损害消费者利益　□　□　□　□　□

· 201 ·

d）近年来，农产品安全事故的发生将影响您对专家信任的程度 ☐ ☐ ☐ ☐ ☐

e）专家会给社会带来正面影响 ☐ ☐ ☐ ☐ ☐

f）监管部门对利用专家名号来欺骗大众的行为惩罚力度较大 ☐ ☐ ☐ ☐ ☐

7. 对安全农产品认知能力的调查（安全农产品是指在整个生产过程与终端产品的严格检验中，各项技术指标与卫生指标都符合国家或有关行业标准的并且标有企业食品生产许可的缩写"QS"字样的无公害、绿色和有机工产品	非常不同意	较不同意	一般	同意	非常同意
a）在此之前，您了解什么是安全农产品	☐	☐	☐	☐	☐
b）您对安全农产品有一定辨识能力	☐	☐	☐	☐	☐
c）您对安全农产品有一定购买经验	☐	☐	☐	☐	☐
d）公众获得安全农产品相关信息渠道较多	☐	☐	☐	☐	☐
e）政府关于安全农产品科学知识的宣传力度较大	☐	☐	☐	☐	☐

8. 公众对安全农产品购买行为调查	非常不同意	较不同意	一般	同意	非常同意
a）您关心农产品的质量和安全	☐	☐	☐	☐	☐
b）您愿意购买安全农产品	☐	☐	☐	☐	☐
c）安全农产品与常规农产品的价格差会影响您对安全农产品的购买	☐	☐	☐	☐	☐

d）我国对安全农产品质量认证严格　□　□　□　□　□

e）我国农产品质量安全监管严格　　□　□　□　□　□

受访者背景信息

1. 性别：□男　□女
2. 年龄：□26岁以下　□26~35岁　□36~45岁　□46~55岁　□55岁以上
3. 工作年限：□1~3年　□4~8年　□9~15年　□16~25年　□25年以上
4. 学历：□高中及以下　□大专　□本科　□硕士　□博士及以上
5. 您的职业：□在校学生　□政府机关或事业单位工作人员　□民营企业工作人员　□专家及高新技术人员　□离退休人员　□个体工商户　□其他
6. 您在现有的收入最接近哪个？

□无收入　□1000元以下　□1000~3000元　□3001~5000元　□5000元以上

7. 家中有无未成年人

□有　□没有

附录 5

网络购买生鲜农产品消费者调查问卷

（本问卷所提到的生鲜农产品是指：生鲜农产品是指刚刚经过自然生长形成的、未经过深度加工的、保持自身原有新鲜度，容易发生变质腐败的初级农产品。例如：新鲜的蔬菜、水果、肉类、奶类、水产、海鲜、蛋类等。）

第一部分 基本情况，请在符合的选项前打"√"

1. 您是否有过网络购买生鲜农产品的经历？

   A. 是　　　　　　　B. 否

2. 您的性别是？

   A. 男　　　　　　　B. 女

3. 您的年龄范围是？

   A. 18～24 岁　　　B. 25～30 岁　　　C. 31～40 岁

   D. 41～50 岁　　　E. 50 岁以上

4. 您每月的收入情况：

   A. 3000 元以下　　　　　　　　B. 3001～5000 元

   C. 5001～8000 元　　　　　　　D. 8000 元以上

5. 您的教育水平：

   A. 初中及初中以下　B. 高中　　　　　C. 专科

   D. 本科　　　　　　　　　　　　　　E. 硕士及以上

6. 您通过网络购买生鲜产品的频率如何？

   A. 1～2 次/年　　　　　　　　B. 3～5 次/年

C. 6~10 次/年 D. >10 次/年

第二部分 国内网络消费者对网络销售生鲜农产品信任程度及相关因素认可程度

1. 您对网络购买消费生鲜农产品的信任程度为：
   A. 完全信任 B. 大部分信任
   C. 少部分信任 D. 完全不信任

2. 您对生鲜农产品生产环节供应商管理水平的认可程度：
   A. 完全认可 B. 大部分认可
   C. 少部分认可 D. 完全不认可

3. 您对生鲜农产品冷链物流配送管理的认可程度：
   A. 完全认可 B. 大部分认可
   C. 少部分认可 D. 完全不认可

4. 您对生鲜农产品消费满意度管理的认可程度：
   A. 完全认可 B. 大部分认可
   C. 少部分认可 D. 完全不认可

5. 对电商平台或企业的总体形象的认可程度：
   A. 完全认可 B. 大部分认可
   C. 少部分认可 D. 完全不认可

6. 电商平台或生鲜农产品生产厂家的产品质量保障能力的认可程度：
   A. 完全认可 B. 大部分认可
   C. 少部分认可 D. 完全不认可

7. 所选择的生鲜农产品电商平台或企业的信息完备的认可程度。
   A. 完全认可 B. 大部分认可
   C. 少部分认可 D. 完全不认可

8. 所选择的电商平台或卖家的经营模式的认可程度：
   A. 完全认可 B. 大部分认可
   C. 少部分认可 D. 完全不认可

9. 电商平台或卖家销售的生鲜农产品生产过程的认可程度：
   A. 完全认可 B. 大部分认可

C. 少部分认可 D. 完全不认可

10. 选择的生鲜农产品电商平台或企业诚信可靠的认可程度：
    A. 完全认可 B. 大部分认可
    C. 少部分认可 D. 完全不认可

11. 电商平台的网站设计水平的认可程度：
    A. 完全认可 B. 大部分认可
    C. 少部分认可 D. 完全不认可

12. 电商平台或企业满足客户的个性化要求的认可程度：
    A. 完全认可 B. 大部分认可
    C. 少部分认可 D. 完全不认可

13. 电商平台或企业对客户问题的处理效率的认可程度：
    A. 完全认可 B. 大部分认可
    C. 少部分认可 D. 完全不认可

14. 电商平台或卖家所提供的在线客户服务质量的认可程度：
    A. 完全认可 B. 大部分认可
    C. 少部分认可 D. 完全不认可

15. 物流服务的承运能力的认可程度：
    A. 完全认可 B. 大部分认可
    C. 少部分认可 D. 完全不认可

16. 物流服务的及时性的认可程度：
    A. 完全认可 B. 大部分认可
    C. 少部分认可 D. 完全不认可

17. 货物的完整性的认可程度：
    A. 完全认可 B. 大部分认可
    C. 少部分认可 D. 完全不认可

18. 生鲜农产品电商平台或企业的性价比的认可程度：
    A. 完全认可 B. 大部分认可
    C. 少部分认可 D. 完全不认可

19. 电商平台或企业网络销售产品的口碑和信誉的认可程度：
    A. 完全认可 B. 大部分认可

C. 少部分认可 D. 完全不认可

20. 电商平台或企业的广告宣传内容的认可程度：

A. 完全认可 B. 大部分认可

C. 少部分认可 D. 完全不认可

21. 电商平台或企业的网络支付手段的认可程度：

A. 完全认可 B. 大部分认可

C. 少部分认可 D. 完全不认可

附录6

生鲜农产品管理评价指标间相对重要性判断评分

请您根据评价指标 u_i 与 u_j 的相对重要性判断来对下列表格进行打分，相对重要性按如下约定：

当 $h_{ij}=1$，$h_{ji}=1$，则判断 u_i 与 u_j 同样重要；
当 $h_{ij}=3$，$h_{ji}=1/3$，则判断 u_i 比 u_j 稍微重要；
当 $h_{ij}=5$，$h_{ji}=1/5$，则判断 u_i 比 u_j 明显重要；
当 $h_{ij}=7$，$h_{ji}=1/7$，则判断 u_i 比 u_j 特别重要；
当 $h_{ij}=9$，$h_{ji}=1/9$，则判断 u_i 比 u_j 极端重要。

其中，2、4、6、8 表示取 2、4、6、8 和 1/2、1/4、1/6、1/8 各值，是 i、j 两个因素之间重要性等级介于上述两个相邻等级的中间值。

	B_1 供应商管理	B_2 冷链物流与配送管理	B_3 消费者满意度管理
B_1 供应商管理			
B_2 冷链物流与配送管理			
B_3 消费者满意度管理			

	C_{11} 质量保证能力	C_{12} 按期生产交货能力	C_{13} 消费者质量投诉	C_{14} 投诉处理效率	C_{15} 产品质量安全投入	C_{16} 产品信息完备性
C_{11} 质量保证能力						

附录6 生鲜农产品管理评价指标间相对重要性判断评分

续表

	C_{11} 质量保证能力	C_{12} 按期生产交货能力	C_{13} 消费者质量投诉	C_{14} 投诉处理效率	C_{15} 产品质量安全投入	C_{16} 产品信息完备性
C_{12} 按期生产交货能力						
C_{13} 消费者质量投诉						
C_{14} 投诉处理效率						
C_{15} 产品质量安全投入						
C_{16} 产品信息完备性						

	C_{21} 承运能力	C_{22} 产品保鲜能力	C_{23} 客户要求的满足程度	C_{24} 客户问题处理效率	C_{25} 收货检验满意程度	C_{26} 产品交货的及时性
C_{21} 承运能力						
C_{22} 产品保鲜能力						
C_{23} 客户要求的满足程度						
C_{24} 客户问题处理效率						
C_{25} 收货检验满意程度						
C_{26} 产品交货的及时性						

	C_{31} 品牌形象建设	C_{32} 产品需求的满足能力	C_{33} 个性化服务质量	C_{34} 客服人员的服务质量	C_{35} 消费者对生鲜农产品价格的认可	C_{36} 消费者对生鲜农产品质量的认可
C_{31} 品牌形象建设						
C_{32} 产品需求的满足能力						
C_{33} 个性化服务质量						
C_{34} 客服人员的服务质量						
C_{35} 消费者对生鲜农产品价格的认可						
C_{36} 消费者对生鲜农产品质量的认可						

附录 7

Z 企业基于网络消费信任的生鲜农产品管理状况调查问卷

（能力、善意和诚实是信任主体对某一个对象产生信任的主要来源，是用来测量信任对象使用最多的三个维度。因此，消费者对生鲜农产品网络消费的信任，来源于对生鲜农产品电商背后的生鲜农产品供应链各环节主体在能力、善意和诚实三个维度的管理状况的评价。）

第一部分　从能力、善意和诚实三个信任测量维度衡量供应商管理状况

C_{11} 质量保障能力

4 分：供应商建设有完善的产品质量监管体系和制度，有明确的质量管理目标，并且得到了完全执行；

3 分：供应商建设有产品质量监管体系和制度，有具体的质量管理目标，大部分得到执行；

2 分：供应商建有产品质量监管制度不具体，只有小部分得到执行；

1 分：供应商缺乏产品质量监管体系和制度；且质量管理目标不明确。

C_{12} 按期交货能力

4 分：供应商能够完全按照电商的要求按期交货；

3 分：供应商基本上能够按照电商的要求完全按期交货，偶尔出现延期交货，延期时间控制在 1 天以内；

2 分：供应商偶尔会出现生鲜农产品延迟交货，但延期时间超过 1 天；

1 分：供应商经常出现延期交货现象。

C_{13} 消费者质量投诉

4分：消费者对产品质量无投诉；

3分：消费者偶尔会对产品质量进行投诉；

2分：消费者有时会对产品质量进行投诉；

1分：消费者经常对产品质量进行投诉。

C_{14} 投诉处理效率

4分：供应商对全部消费者投诉均能够及时有效处理；

3分：供应商偶尔会出现消费者投诉处理不及时的现象；

2分：供应商有时会出现消费者投诉处理不及时的现象；

1分：供应商经常会出现消费者投诉处理不及时的现象，导致大量客户流失。

C_{15} 产品质量安全投入

4分：供应商在生产设备、设施、技术、人员等方面全面加大对质量安全保障的投入，并取得明显效果；

3分：供应商在生产设备、实施、技术、人员等方面选择性加大对质量安全保障的投入，效果开始显现；

2分：供应商开始加大投入来提高质量安全水平，但效果尚未出现；

1分：供应商的质量安全投入水平较低，且从未增加。

C_{16} 产品信息完备性

4分：供应商将生鲜农产品的全部生产过程和质量信息完全披露给消费者；

3分：供应商将生鲜农产品的大部分生产过程和质量信息披露给消费者；

2分：供应商仅将生鲜农产品的少部分生产过程和质量信息披露给消费者；

1分：供应商未将生鲜农产品的生产过程和质量信息披露给消费者。

第二部分 从能力、善意和诚实三个信任测量维度衡量冷链物流配送管理状况

C_{21} 承运能力

4分：电商平台自身的物流体系完全能够完全满足生鲜农产品配送目标和要求；

3分：电商平台自身的物流体系能够满足生鲜农产品配送目标和要求，个别产品配送需要委托第三方物流；

2分：电商平台自身的物流体系部分能够满足生鲜农产品配送目标和要求，部分产品配送需要委托第三方物流；

1分：电商平台自身的物流体系不完善，大部分产品配送需要委托第三方物流。

C_{22} 产品保鲜能力

4分：配送物流体系能够完全保障生鲜农产品新鲜送到消费者手中；

3分：配送物流体系能够基本保障生鲜农产品新鲜送到消费者手中；

2分：配送物流体系能够部分保障生鲜农产品新鲜送到消费者手中；

1分：配送物流体系难以保障生鲜农产品新鲜送到消费者手中。

C_{23} 客户要求的满足程度

4分：配送物流体系能够完全满足客户在配送时间、地点、运输工具等方面的要求；

3分：配送物流体系能够基本满足客户在配送时间、地点、运输工具等方面的要求；

2分：配送物流体系能够部分满足客户在配送时间、地点、运输工具等方面的要求；

1分：配送物流体系难以满足客户在配送时间、地点、运输工具等方面的要求。

C_{24} 客户问题处理效率

4分：承运主体能够对客户提出的配送问题进行及时有效处理；

3分：承运主体偶尔会出现对客户提出的配送问题处理不及时的现象；

2分：承运主体有时会出现对客户提出的配送问题处理不及时的现象；

1分：承运主体经常会出现对客户提出的配送问题处理不及时的现象，导致大量客户流失。

C_{25} 收货检验满意程度

4分：客户收到产品后对产品包装完整度和质量非常满意；

3分：客户收到产品后对产品包装完整度和质量较为满意；

2分：客户收到产品后对产品包装完整度和质量基本满意；

1分：客户收到产品后对产品包装完整度和质量不太满意。

C_{26} 产品交货的及时性

4分：全部产品均能够准时或提前送到客户手中；

3分：绝大部分产品均能够准时或提前送到客户手中，极少数产品会延迟送到，但延迟时间不超过1天；

2分：偶尔会出现生鲜农产品延迟送到客户手中，延期时间超过1天；

1分：有时会出现生鲜农产品延迟送到客户手中，延期时间超过1天。

第三部分 从能力、善意和诚实三个信任测量维度衡量消费者满意度管理状况

C_{31} 品牌形象建设

4分：电商平台或企业在消费者心中具有优质的品牌形象和口碑；

3分：电商平台或企业在消费者心中具有良好的品牌形象和口碑；

2分：电商平台或企业在消费者心中具有一定的知名度和口碑；

1分：电商平台或企业在消费者心中的认知水平不高。

C_{32} 产品需求的满足能力

4分：电商平台提供的生鲜农产品能够完全满足顾客在产品种类、数量、新鲜度等方面的需求；

3分：电商平台提供的生鲜农产品能够基本满足顾客在产品种类、数

附录7　Z企业基于网络消费信任的生鲜农产品管理状况调查问卷

量、新鲜度等方面的需求；

2分：电商平台提供的生鲜农产品能够部分满足顾客在产品种类、数量、新鲜度等方面的需求；

1分：电商平台提供的生鲜农产品难以满足顾客在产品种类、数量、新鲜度等方面的需求。

C_{33} 个性化服务质量

4分：电商平台能够提供完全满足顾客需求的个性化服务；

3分：电商平台能够提供基本满足顾客需求的个性化服务；

2分：电商平台能够提供部分满足顾客需求的个性化服务；

1分：电商平台难以提供满足顾客需求的个性化服务。

C_{34} 客服人员的服务质量

4分：电商平台的客服人员服务态度及与客户的沟通效果很好，及时准确地反映客户提出的问题，获得客户的一致好评；

3分：电商平台的客服人员服务态度及与客户的沟通效果良好，及时准确地反映客户提出的问题，获得大部分客户的好评；

2分：电商平台的客服人员服务态度及与客户的沟通效果较好，及时准确地反映客户提出的问题，获得部分客户的好评；

1分：电商平台的客服人员服务态度及与客户的沟通效果一般，客户评价一般。

C_{35} 消费者对生鲜农产品产品价格的认可

4分：消费者对生鲜农产品价格非常认可，在同类产品中具有明显的价格优势；

3分：消费者对生鲜农产品价格比较认可，在同类产品中具有一定的价格优势；

2分：消费者对生鲜农产品价格基本认可，在同类产品中具有少许的价格优势；

1分：消费者认为生鲜农产品价格一般，在同类产品中无价格优势。

C_{36} 消费者对生鲜农产品产品质量的认可

4分：消费者对生鲜农产品质量非常认可，在同类产品中具有明显的质量优势；

3分：消费者对生鲜农产品质量比较认可，在同类产品中具有一定的质量优势；

2分：消费者对生鲜农产品质量基本认可，在同类产品中具有少许的质量优势；

1分：消费者认为生鲜农产品质量一般，在同类产品中无质量优势。

参 考 文 献

中文部分

[1] 班杜拉, 蒋晓, 交互决定论——关于个人、行为和环境之间关系的社会学习说 [J]. 现代外国哲学社会科学文摘, 1986.9.28

[2] 陈欣, 叶浩生. 行为博弈视野下信任研究的回顾 [J]. 心理科学, 2009, 32 (3): 636 - 639.

[3] 陈淑娟, 牛甫. 消费者信任研究 [J]. 科学研究, 2010: 255 - 259.

[4] 陈秋雨. 网络营销中消费者信任模型研究的述评 [J]. 生产力研究, 2009 (14).

[5] 陈长喜, 张宏福, 王乙丁, 飞颉经纬. 农产品安全认证体系与可追溯系统面向对象体系结构研究 [J]. 吉林农业大学学报, 2010, 32 (5): 560 - 567.

[6] 陈雨生, 尹世久, 韩杨. 食品安全认证与追溯体系耦合下的农户响应意愿研究 [J]. 财贸研究, 2015 (1): 27 - 34.

[7] 陈璁, 万书辉. 试论新闻热点事件报道中的专家信任危机 [J]. 今日中国论坛, 2013 (9): 147 - 150.

[8] 程景民. 中国食品安全监管体制运行现状和对策研究 [M]. 北京: 军事医学科学出版社, 2013.

[9] 陈刚. 美国社会力量参与食品安全监管的经验及启示 [J]. 食品工业科技, 2014 (20): 26 - 28.

[10] 曹华林, 李成珍, 景熠. 构建政府监管下公众参与监督的企业社会责任进化博弈模型 [J]. 财会月刊, 2017 (11).

[11] 崔彬. 农产品安全属性叠加对城市消费者感知及额外支付意愿

的影响 [J]. 农业技术经济, 2013 (11): 32-39.

[12] 戴迎春, 朱彬, 应瑞瑶. 消费者对食品安全的选择意愿——以南京市有机蔬菜消费行为为例 [J]. 南京农业大学学报（社会科学版）, 2006 (1): 47-52.

[13] 董建军. 信任缺失: 传统文化视角的解析 [J]. 长春工业大学学报（社会科学版）, 2010, 22 (4): 21-23.

[14] 冯炜. 消费者网络购物信任影响因素的实证研究 [D]. 浙江: 浙江大学图书馆, 2010.

[15] 费亚利. 政府强制性猪肉质量安全可追溯体系研究 [D]. 成都: 四川农业大学, 2012.

[16] 付亭亭, 贾健斌, 尹岩, 王宇, 魏少芳, 李启平. 可追溯大米的消费意愿研究 [J]. 食品科技, 2015, 40 (2): 360-367.

[17] 范海玉, 申静. 公众参与农村食品安全监管的困境及对策 [J]. 人民论坛, 2013, (23): 40-41.

[18] 樊斌, 李翠霞. 基于质量安全的乳制品加工企业隐蔽违规行为演化博弈分析 [J]. 农业技术经济, 2012, (1): 56-64.

[19] 郭飞, 盛晓明. 专家信任的危机与重塑 [J]. 科学学研究, 2016 (34).

[20] 管益杰, 陶慧杰, 王洲兰等. 网络购物中的信任 [J]. 心理科学进展, 2011 (8): 1205-1213.

[21] 龚强, 雷丽衡, 袁燕. 政策性负担、规制俘获与食品安全 [J]. 经济研究, 2015, 50 (8): 4-15.

[22] 何猛. 中国食品安全监管体系发展趋势研究 [J]. 食品工业科技, 2012, 33 (21): 45-48.

[23] 韩沛新. 农产品质量安全认证体系的经济学意义 [J]. 农业质量标, 2004 (3): 35-37.

[24] 何乐琴. 消费者对农产品质量安全状况比较满意——浙江省对食用农产品质量安全认知的调查 [J]. 农业质量标准, 2007 (5): 18-19.

[25] 胡凌月. 消费者对政府的食品安全信任评价研究 [D]. 长春: 吉林大学, 2014.

[26] 胡石清，乌家培．关于信任的博弈分析——基于个体的自利理性和社会理性［J］．当代财经，2009（3）．

[27] 金勇进，王华．中国顾客满意度指数体系的构建［J］．统计与信息论坛，2005（3）：5-9.

[28] 纪良纲，刘东英，郭娜．农产品供应链整合的困境与突破［J］．北京工商大学学报（社会科学版），2015（1）：16-22.

[29] 刘长玉，于涛．绿色产品质量监管的三方博弈关系研究［J］．中国人口·资源与环境，2015（10）：170-176.

[30] 刘增金，乔娟，李秉龙．消费者对可追溯牛肉的认知及其影响因素分析——基于结果方程模型［J］．技术经济，2013（3）：86-92.

[31] 刘鹏，屠康，侯月鹏．基于射频识别中间件的粮食质量安全追溯系统［J］．农业工程学报，2009，25（12）：145-150.

[32] 刘兵．基于农户与消费者利益的农产品供应链整合研究——以中国生鲜蔬菜水果为例［D］．沈阳农业大学博士学位论文，2013.

[33] 刘欣然．食品安全监管的公众参与机制［J］．人民论坛，2016，（17）：74-76.

[34] 李宗泰，何忠伟．基于博弈论的农产品质量安全监管分析［J］．北京农学院学报，2011，（1）：30-32.

[35] 李强，高文．消费者初始信任影响因素研究［J］．应用心理学，2007（13）：57-263.

[36] 李传勇，陈琼，陈永峰．福建省厦门市农产品质量安全追溯系统的应用现状与发展对策［J］．加工贮藏，2014（2）：187-188.

[37] 雷勋平，邱广华．基于前景理论的食品行业行为监管演化博弈分析［J］，系统工程，2016（2）．

[38] 鲁耀斌，周涛．B2C环境下影响消费者网上初始信任因素的实证分析［J］．南开管理评论，2005（6）：96-101.

[39] 陆杉．农产品供应链成员信任机制的建立与完善——基于博弈理论的分析［J］．管理世界，2012（7）：172-173.

[40] 卢菲菲，何坪华，闵锐．消费者对食品质量安全信任影响因素分析［J］．西北农林科技大学学报（社会科学版），2010（1）：72-77.

[41] 吕瑞超. 转基因食品信息推广中的传播渠道可信度研究 [D]. 武汉: 华中农业大学, 2010.

[42] 缪小红, 周新年, 巫志龙. 生鲜食品冷链物流研究进展探讨 [J]. 物流技术, 2009, 28 (2): 24 – 27.

[43] 苗玲玲. 网络消费信任演化与决策模式研究: 基于映像理论的分析 [D]. 杭州: 浙江大学管理学院, 2008.

[44] 彭泗清. 关系与信任中国人人际信任的一项本土研究: 中国社会中的信任 [M]. 北京: 中国城市出版社, 2003.

[45] 彭建仿, 杨爽. 共生视角下农户安全农产品生产行为选择——基于407个农户的实证分析 [J]. 中国农村经济, 2011 (12): 68 – 99.

[46] 石洪景. 安全意识下的农产品消费行为研究——来自福州市的调查数据 [J]. 重庆工商大学学报 (社会科学版), 2012 (6): 33 – 41.

[47] 孙亚男, 杨肖丽. 有机农产品认证对消费信任的影响研究——基于沈阳市消费者的实证调查 [J]. 南方农村, 2014, (10): 41 – 45.

[48] 宋光兴, 杨德礼. 电子商务中在线信誉管理系统设计的若干问题研究 [J]. 系统工程, 2004 (9): 5 – 9.

[49] 邵兵家, 高志欣. 家电业B2C电子商务网站信任水平及对策研究 [J]. 图书情报工作, 2010 (18): 135 – 138.

[50] 沈金生. 循环经济发展中政府、企业和公众利益博弈与对策——兼论部分国家循环经济成功经验 [J]. 中国海洋大学学报 (社会科学版), 2010 (1).

[51] 隋姝妍, 小野雅之. 日本食品安全与消费者信赖保障体系的建设中国的启示 [J]. 世界农业, 2012 (9): 48 – 53.

[52] 苏昕, 刘昊龙. 农户与企业合作下的农产品质量安全演化博弈仿真研究 [J]. 农业技术经济, 2015 (11): 112 – 122.

[53] 沙莲香, 社会心理学 [M]. 北京: 中国人民大学出版社, 1987, 11.

[54] 汤晓丹. 生鲜农产品电子商务企业为核心的供应链管理研究——以沱沱工社为例 [J]. 物流科技, 2015 (11).

[55] 卫莉, 李光. 论信任与公众对风险技术的认知与接纳 [J]. 科

学技术与辩法，2006（6）：105－108＋112.

[56] 文晓巍，李慧良. 消费者对可追溯食品的购买与监督意愿分析——以肉鸡为例 [J]. 中国农村经济，2012（5）：41－52.

[57] 吴林海，秦毅，徐玲玲. 果蔬加工企业可追溯体系投资决策意愿：HMM 模型的仿真计算 [J]. 系统管理学报，2014，23（2）：179－190.

[58] 吴孟霖. 国内外农产品供应链管理的研究综述及展望 [J]. 中国商贸，2015（8）：137－139.

[59] 王峰，马明，温学飞，郭永忠，左忠. 农业生产模式与农户人均纯收入关系的研究 [J]. 江西农业学报，2009，21（2）：138－141.

[60] 王志刚，谷学军. 质量、信息和公共政策：消费者购买无公害鸡蛋的影响因素分析 [J]. 辽宁大学学报（哲学社会科学版），2007（4）：125－130.

[61] 王志刚，杨胤轩，刘和，林美云. 消费者对农产品认证标识的认知水平、参照意愿及受益程度分析——基于全国 20 个省市自治区的问卷调查 [J]. 农业经济与管理，2013（6）：38－44.

[62] 王怀明，尼楚君，徐锐钊. 消费者对食品质量安全标识支付意愿实证研究——以南京市猪肉消费为例 [J]. 南京农业大学学报（社会科学版），2011，11（1）：21－29.

[63] 王娟. 风险治理中公众对专家的信任研究综述 [J]. 理论探索，2013，6（8）：35－42.

[64] 王愚，徐春林，达庆利. 利他、公平和信任等因素对合作的影响 [J]. 东南大学学报（自然科学版），2007（3）：527－530.

[65] 王晓平，张旭凤. 农产品可追溯制度下企业与农户行为的博弈 [J]. 中国流通经济，2013，27（9）：94－99.

[66] 王怡，宋宗宇. 日本食品安全委员会的运行机制及其对我国的启示 [J]. 现代日本经济，2011（5）：57－63.

[67] 王冀宁，王俊勇. 农产品安全监管中农民合作组织与超市群体的演化博弈 [J]. 求索，2015（1）：63－68.

[68] 王辉霞. 公众参与食品安全治理法治探析 [J]. 商业研究，2012（4）：170－177.

[69] 王金艳. 基于互联网条件下的农产品供应链管理创新研究 [J]. 经济研究导刊, 2016 (2): 21-22.

[70] 王蓉, 马啸来, 贺盛瑜. 农产品流通渠道模糊综合评价 [J]. 江西农业大学学报, 2006, 5 (2): 34-35.

[71] 王洪鑫, 刘玉慧. 网络购买生鲜农产品的消费者满意度影响因素实证研究 [J]. 消费经济, 2015, 31 (6): 81-86.

[72] 王锡锌. 公众参与和行政过程: 一个理念和制度分析的框架 [M]. 中国民主法制出版社, 2007 (2): 74.

[73] 王凤著; 公众参与环保行为机理研究 [M]. 重庆: 中国环境科学出版社, 2008 (5): 35.

[74] 武云亮. 我国蔬菜物流链的现状及其优化措施 [J]. 资源开发与市场, 2007 (4): 326-328+341.

[75] 武素云, 认知理论视角下的工科大学生思想政治教育实效研究 [J], 教育与职业, 2010 (5): 71.

[76] 文晓巍, 达庆利. 共同配送: 我国冷链物流配送模式的优化选择 [J]. 现代管理科学, 2008 (3): 13-14.

[77] 许科. 风险视角的信任研究 [D]. 广州: 华东师范大学, 2008.

[78] 徐翔, 周峰. 农户无公害农产品生产中道德风险程度的影响因素分析 [J]. 现代经济探讨, 2007 (7): 65-68+82.

[79] 徐柏园. 积极创建绿色农产品市场 坚决打好食品安全整治特殊战役 [A]. 北京周末社区大讲堂集粹 (第一辑), 2007: 8.

[80] 徐玲玲, 山丽杰, 吴林海. 农产品可追溯体系的感知与参与意愿的实证研究: 苹果种植户的案例 [J]. 财贸研究, 2011 (5): 34-40.

[81] 谢康, 赖金天, 肖静华, 乌家培. 食品安全、监管有界性与制度安排 [J]. 经济研究, 2016, 51 (4): 174-187.

[82] 谢敏, 林苹, 唐茂霞. 无公害农产品消费行为研究——以内江市为例 [J]. 内江科技, 2016, 37 (1): 125+124.

[83] 解春玲. 浅谈内隐社会认知的研究与现状心理科学 [J]. 2005 (1): 146-148.

[84] 薛澜. 顶层设计与泥泞前行: 中国国家治理现代化之路 [J].

公共管理学报，2014.10

[85] 杨雄锈，齐文娥．中国农产品网络营销的现状及问题研究［J］．农产品流通，2013（9）：9-13．

[86] 杨剑英．生鲜农产品流通现状与对策探讨——以江苏省为例［J］．农业经济，2009（5）：82-84．

[87] 杨锴，刘建华．网络消费环境下顾客信任的影响因素研究［J］．现代管理科学，2013（10）：112-114．

[88] 杨玲，项宇，卢彩鸽．中国无公害农产品追溯体系建设的现状及建议［J］．世界农业，2011（9）：83-85．

[89] 尹世久，陈默，徐迎军等．消费者对安全认证食品信任评价及其影响因素——基于有序Logistic模型的实证分析［J］．公共管理学报，2013，10（3）：110-119．

[90] 姚佳，靳秔，贾健斌．粮食可追溯体系的研究进展［J］．食品科技，2014，39（10）：2-6．

[91] 姚洁．消费者意愿对农产品质量安全追溯体系的影响研究——基于宁波市1000个消费者的样本调查［D］．宁波大学硕士论文，2013．

[92] 余娟．模糊视角下生鲜农产品供应网络优化设计［D］．成都：西南交通大学，2016．

[93] 于宝琴，武淑萍，杜广伟．网购快递物流服务系统测评的枝模型仿真［J］．中国管理科学，2014（12）：72-78．

[94] 郑也夫，彭泗清．中国社会中的信任［M］．北京：中国城市出版社，2003．

[95] 郑也夫．代价论［M］．北京：三联书店，1995．

[96] 张维迎．博弈论与信息经济学［M］．上海：上海人民出版社，2012．

[97] 张维迎．信息与信用——在北京大学的演讲［J］．中国学府世纪大讲堂势，2002．

[98] 张丽，何秋菊．基于风险视角的信任［J］．科技咨询，2011（7）：327．

[99] 张科．基于TAM理论的C2C网络消费信任研究［D］．南京：

南京大学，2011.

[100] 章迎迎. 消费者对亲环境农产品的购买意愿与支付意愿研究——以大米为例 [D]. 浙江大学硕士论文，2015.

[101] 张利国. 我国安全农产品有效供给的长效机制分析 [J]. 农业经济问题，2010 (12)：71 - 75.

[102] 张国兴等. 基于第三方监督的食品安全监管演化博弈模型 [J]. 系统工程学报，2015 (4).

[103] 张同斌，张琦，范庆泉. 政府环境规制下的企业治理动机与公众参与外部性研究 [J]. 中国人口·资源与环境，2017 (2).

[104] 张鑫，任国政. 消费者安全农产品购买意愿研究——以河北省为例 [J]. 农村经济，2010 (3)：11 - 14.

[105] 周杰. 基于信任的农产品供应链质量安全控制机制研究 [J]. 企业活力，2011 (5)：48 - 52.

[106] 朱虹. 消费信任发生机制探索——一项基于中国本土的实证研究 [J]. 南京社会科学，2011，9.

[107] 周应恒，王晓晴，耿献辉. 消费者对加贴信息可追溯标签牛肉的购买行为分析——基于上海市家乐福超市的调查 [J]. 中国农村经济，2008 (5)：22 - 32.

[108] 周茜，黄晓英. 基于激励机制的农产品质量安全博弈分析 [J]. 农业经济，2015 (12)：18 - 20.

[109] 臧豪杰. 信任危机根源探究及对策 [J]. 党政干部学刊，2011 (12)：13 - 16.

[110] 臧旭恒、高建刚. 信任关系的不完全信息动态博弈模型 [J]. 重庆大学学报（社会科学版），2007 (4)：22 - 27.

[111] 翟杰全. 科技公共传播：知识普及、科学理解、公众参与 [J]. 北京理工大学学报（社会科学版），2008 (6)：29 - 32，40.

[112] 卓光俊、杨天红. 环境公众参与制度的正当性及制度价值分析 [J]. 吉林大学社会科学学报，2011 (4)：146 - 152.

[113] 左伟，潘涌璋. 基于博弈论的食品安全监管分析 [J]. 科技管理研究，2011 (23).

[114] 彼得·什托姆普卡. 信任: 一种社会学理论 [M]. 程胜利, 译. 北京中华书局, 2005.

[115] [德] 尼克拉斯·卢曼 (VonNiklasLuhmann) 著. 信任论 [M]. 北京: 中国广播电视出版社, 2005.

[116] [英] 彼得·泰勒—顾柏 (Peter Taylor – Gooby) 著. 重构社会公民权 [M]. 北京: 中国劳动社会保障出版社, 2010 (7).

英文部分

[1] A. Abdul – Rahman. and S. Hails, A distributed trust mode l [J]. In New Security Paradigms Workshop, 1997, 48 – 60.

[2] Arbindra P. R., Moon W., Balasubramanian S.. Agro-biotechnology and organic food purchase in the United Kingdom [J]. British Food Journal, 2005 (107): 84 – 97.

[3] Akerlof, G. A. The market for 'lomon': qualitative uncertainty and the mechanism [J]. Quarterly Journal of Economics, 1970 (84): 488 – 500.

[4] Berg, L., Kjaernes, U., Ganskau, E., Minina, V., Voltchkova, L., Halkier, B., et. al.. Trust in food safety in Russia, Denmark and Norway [J]. European Societies, 2005, 7 (1): 103 – 129.

[5] Choices. Traceability in the US Food Supply: Dead End or Superhighway? [J]. The Magazine of Food, Farm &Resource issues, 2003 (6): 17 – 20.

[6] Capps. and Oral, Consumer Response to Changes in Food Labeling: Discussion, American [J]. Journal of Agricultural Economics, 1992, 12 (74): 1215 – 1216.

[7] Caswell, J. A., E. M. Mojduszks. Using informational labeling to influence the market for quality in food products [J]. American Journal of Agricultural Economics, 1996, 78 (5): 1248 – 1253.

[8] De Jonge J, Van Trijp J C M, Van der Lans I A, et al.. How trust in institutions and organizations builds general consumer confidence in the safety of food: A decomposition of effects [J]. Appetite, 2008, 51 (2): 311 – 317.

[9] Deutsch M: Trust and Suspicion [J]. The Journal of Conflict Resolu-

tion, 1958 (2): 265 – 279.

[10] Dettmann R. L.. Organic produce: Who's eating it? A demographic profile of organic produce consumers. Paper presented at American Agricultural Economics Association Annual Meeting, Orlando, Florida, 2008.

[11] Ek, K. and Sonderholm, P, *Norms and Economic Motivation in the Swedish Green Electricity Market.* [J]. Ecological Economics, 2008, 68 (1 – 2): 196 – 182.

[12] Fred Kuchler, Barry Kriss, David Harvey: Do Consumers Respond to Country-of – Origin Labelling? [J]. Journal of Consumer Policy, (2010) 33: 323 – 337.

[13] Gaothier, M. Anderson R.. A Structural Latent Variable Approach to Modeling Consumer Perception: A Case Study of Orange Juice [J]. Agribusiness, 2005: 14 – 15.

[14] Giovanni Pino, Alessandro M. Peluso and Gianluigi Guido: Determinants of Regular and Occasional Consumers' Intentions to Buy Organic Food [J]. The Journal of Consumer Affairs, Spring, 2012: 157 – 169.

[15] Guillaume, A. and Gruère, P. *An Analysis of The Growth in Environmental Labelling and Information Schemes*, [J]. Journal of Consumer Policy, 2015. Vol. 38.

[16] Gabriele Jahn, Matthias Schramm, Achim Spiller. The Reliability of Certification: Quality Labels as a Consumer Policy Tool [J]. Journal of Consumer Policy, 2005 (28): 53 – 73.

[17] Hughner, R. S., et al. *Who Are Organic Food Consumers? A Compilation and Review of Why People Purchase Organic Food*l [J]. Journal of Consumer Behaviour, 2007. Vol. 3, (6).

[18] Heskett, J. L., et al. *Putting the Service – Profit Chain to Work*l [J]. Harvard Business Review, 1994. Vol. 3.

[19] Lohr, L.. Implications of organic certification for market structure and trade [J]. American Journal of Agricultural Economics, 1998, 80 (5): 1125 – 1129.

[20] Meyerson, D., Weick, K. E., & Kramer, R. M. Swift trust and temporary groups. In Kramar, R. M., &Tyler, T. R. (Eds.), Trust in organizations [J]. Frontiers of theory and research, CA: Sage, 1996: 166 - 195.

[21] M. Blaze. and J. Feigenbaum. and J. Lacy, Decentralized trust management [C]. In Proceedings of the 17th Symposium on Security and Privacy. Oakland, CA, 1996, 164 - 173.

[22] Mayer, R. C., Davis, J. H. &Schoorman, F. D. An integrative model of organizational trust [J]. Academy of Management Review, 1995, 20 (3): 709 - 734.

[23] McKnight D H. Ctnranings L L. Chervany N L. Initial Trust Formation in new Organization Rehtionships [J]. The Academy of Management Review, 1998, 23 (7): 473 - 490.

[24] Michaelidou N. & Hassan M.. The role of health consciousness, food safety concern and ethical identity on attitudes and intentions towards organic food [J]. International Journal of Consumer Studies, 2008 (32): 163 - 170.

[25] Mclntosh, A., MeDowell, M, McNutt, S.. Assuring Quality for National Health and Nutrition Examination Survey Dietary Coding [J]. Journal of the American Dietetic Assoeiation, 1998 (9): 89.

[26] Maertens M, Colen L, Switmen J.. Globalisation and poverty in Senegal: a worst case scenario? [J]. European Review of Agricultural Eeonomics, 2011, 38 (1): 3 - 12.

[27] Norgaard MK, Brunso K. Families'use of nutritional information on food labels [J]. JOURNAL OF CONSUMER BEHAVIOUR; MAY - JUN, 2011, 10 (3): 141 - 151.

[28] Olsena, P. and Borit, M. *How to define traceability* [J]. Trends in Food Science & Technology, 2013. Vol. 29, (12).

[29] Oliver, R., L., Rust, R., T., Varki, S.. Customer Delight: Foundations, Findings, and Managerial Insight [J]. Journal of Retailing, 1980, 73 (3): 311 - 336.

[30] Rust R. T., Kannan P. K. E - Service: New Direction in Theory

and Practice [M]. Armonk NY: M. E. Sharpe, 2002.

[31] Salmela S. and Varho V, Consumers in the Green Electricity Market in Finland [J]. Energy Policy, 2006, 34 (18): 3669 – 3683.

[32] Stefan Hoffmann and Julia Schlicht: The impact of different types of concernment on the consumption of organic food [J], International Journal of Studies, 2013: 625 – 633.

[33] Su – Huey Quah, Andrew K. G. Tan: Consumer Purchase Decisions of Organic Food Products: An Ethnic Analysis [J] Journal of International Consumer Marketing, 22: 47 – 58, 2012.

[34] Sodano V. , Verneau F. . Traceability and food safety: public choice and private incentives [R]. Working Paper, 2003 (5).

[35] Stobbelaar D. J. , Casimir G, Borghuis J. et. al. . "Adolescents attitudes towards organic food: asurvey of 15 – year to 16 – year old school children" [J]. International Journal of Consumer Studies, 2007 (31): 349 – 356.

[36] Tan F. B, Sutherland P. . Online consumer trust: a multi-dimension model [J]. Journal of Electronic Commerce in Organizations, 2004, 2 (3): 83 – 92.

[37] Vindigni, G. *Organic food consumption: A Multi – Theoretical Framework of Consumer Decision Making* [J]. British food journal, 2002. Vol. 10.

[38] Williamson, O. E. Calculativeness, trust and economic organization [J]. Journal of Law and Economics, 1993, 36 (2): 453 – 486.

[39] Wier M. , O. Doherty K. , Millock K. , et al. . The character of demand in mature organic food markets: Great Britain and Denmark compared [J]. Food Policy, 2008 (33): 406 – 421.

[40] Yussefi, M. , Willer, H. . The world of organic agriculture. Germany: IFOAM, 2003.

[41] Yee W. M. S, Yeung R. M. W. Motris J. Food safety: building consumer trust in livestock farmers for potential purchase behavior [J]. British Food Journal, 2005, 107 (11): 841 – 854.

后 记

本书内容是江西省社科规划课题（CC201409230）、江西省教育厅科技计划项目（DB201609045）研究成果的汇集。在历时5年的研究中，我带领我的研究生们，在完成"农产品加工产业集群的识别及实现路径研究"系列课题的基础上，将研究重点延伸到有关农产品消费信任、农产品质量安全监督、农产品网络消费安全与信任等领域；从线下视角延伸到线上视角。分别从消费者个体、质量监管机构、农产品生产加工企业、农产品网络销售平台视角探寻农产品消费安全问题，并对个体组织间关系的构建进行了相应探讨。希望本书的研究结论能为相关领域的理论研究和相关产业的发展提供一定的帮助，同时对有关机构的管理提供一些思路和方法。

为了收集数据，我和我的研究生们在诸如问题的设置、调研对象的选择等方面进行反复讨论，经过了问题初试、问卷修改、再次测试等调研过程，以期获得更有效数据。

感谢提供研究支持的所有人员，感谢美国新奥尔良大学霍莉莲（Lillian. Fok）教授和美国Loyola大学的霍有民（Wing. Fok）教授在研究方法的设计、问卷的设计及数据的收集过程中所提供的一切帮助。

感谢我的研究生付丹丹、吴岳和李智刚同学为本书的撰写所做的一切研究工作。

本书得到了"南昌航空大学科研成果专项资助基金"的资助。

程玉桂
2018年2月